# j'habille mes poupées

Éditions **marie claire**

www.phildar.fr
phildar

Direction d'édition : Thierry Lamarre
Conception et réalisation : Charlotte Rion
Photographies : Pierre Nicou
Création : Frédérique Alexandre pour Phildar
Stylisme : Marie Piecoup
Retoucheur/opérateur numérique : Jean-Michel Boillot
Tricotage, explications et schémas : Frédérique Alexandre
Conception graphique, mise en pages : Either Studio
Couverture : Either Studio
Correction/révision : Véronique Blanc
Responsable coordination Phildar : Myriam Prez

# j'habille mes poupées

# index

# nos poupées et poupons

## Poupée Chloé au Palais Royal

Chloé est très joliment vêtue d'une robe en taffetas, un paletot en fausse fourrure, une paire de collants scintillants, des ballerines et un sac "léopard".
Dim. : Corps vinyle de 33 cm

## Poupée Marie en ville

Marie est très tendance avec sa jupe bleue à pois, sa veste, ses bottines bleues et son serre-tête.
Dim. : Corps vinyle de 33 cm

## Poupée Camille à l'université

Camille est vêtue d'une ravissante tenue : une blouse manches longues, une veste, un pantalon 7/8, une culotte, une paire de slippers, un sac à main et un serre-tête.
Dim. : Corps vinyle de 33 cm

## Set de deux paires de chaussures pour poupées 33 cm

Les tennis blanches sont faciles à fermer grâce à leurs lacets. Pour une tenue plus chic, les adorables ballerines roses se glisseront parfaitement aux pieds de votre poupée.

**2 FAÇONS DE COMMANDER**
– sur **www.boutiquemarieclaireidées.com**
– au **02 41 32 40 91** (prix d'un appel local)
du lundi au vendredi de 9h à 18h et le samedi de 10h à 18h

## Zoé et son ensemble rose

Cet adorable poupon au corps souple et aux yeux dormeurs est vêtu d'une tenue et d'un bandeau roses. Il porte également à la main une tétine assortie.
Dim. : 36 cm

## Lou, taille 3 mois

Lou est un poupon au corps souple et aux yeux dormeurs, de la taille d'un vrai nourrisson, livré dans son pyjama. Vous pourrez lui confectionner les jolies tenues et accessoires qui conviendront également aux bébés de 3 mois.
Dim. : 52 cm

## Poupée Steffi tenue d'été

Pour préparer les beaux jours, la jolie Steffi est vêtue d'un débardeur, d'une petite robe légère et de chaussures à talons compensés.
Dim. : 29 cm

## Chaussures pour poupon Zoé

Rouges, blanches ou roses et blanches, ces adorables chaussures, qui sont des répliques de véritables chaussures de bébés, compléteront la panoplie de votre poupon de 36 cm. Paire vendue séparément.

# poupées marie, chloé et camille

# 1

## MARIE AUX SPORTS D'HIVER

Pull, Fuseau, Bonnet et Écharpe en Jersey, Côtes 2/2 et Côtes 1/1. Qualités LAMBSWOOL et PHIL DOUCE

# 1 MARIE AUX SPORTS D'HIVER

**FOURNITURES**

Qualité LAMBSWOOL (51 % laine d'agneau, 49 % acrylique) : coloris Encre 1 pelote, coloris Écru 1 pelote, coloris Flanelle 1 pelote • Qualité PHIL DOUCE (100 % polyester) : coloris Écru 1 pelote • Aig. n° 3 et 5 • Crochet n° 3 • 2 boutons bleus • Lastex

Taille unique

**POINTS**

- Jersey
- Point mousse
- Côtes 1/1
- Côtes 2/2
- Frise Jacquard : voir grille
- Maille serrée (m.s)
- Maille en l'air (m.l)

**ÉCHANTILLON**

Aiguilles n° 3,5 LAMBSWOOL en Jersey 10 cm = 26 m. et 35 rgs

**PULL**

**DOS**

Monter 34 m. aig. n° 3, coloris Encre, tricoter 2 cm (6 rgs) en Côtes 2/2, puis sur le 7e rg, tric. les m. ens. 2 par 2. On a 17 m. Continuer en Jersey, aig. n° 5, coloris Écru (PHIL DOUCE).

À 8 cm de hauteur totale, diminuer 2 m. de chaque côté pour les emmanchures. On a 13 m.

Séparer le travail en 2, en diminuant la m. centrale. Continuer sur les 6 m. de gauche. À 11 cm de haut. tot., arrêter les 3 m. de droite et continuer sur 3 m.

À 12 cm de haut. tot., arrêter les 3 m. d'épaule. Reprendre les 6 m. de droite et faire de même en sens inverse.

**DEVANT**

Se commence comme le dos.

À 10 cm de haut. tot., arrêter les 5 m. centrales et continuer chaque côté séparément en diminuant 1 x 1 m. côté encolure.

À 12 cm de haut. tot., arrêter les 3 m. d'épaule. Reprendre les 4 m. de droite et faire de même en sens inverse.

**MANCHE**

Monter 22 m. aig. n° 3, coloris Encre, tricoter 2 cm (7 rgs) en Côtes 2/2. Continuer en Jersey, aig. n° 3, en répartissant 5 augm. sur le 1er rg. On a 27 m.

À 8 cm de hauteur totale, diminuer de chaque côté ts les 2 rgs : 1 x 3 m., 1 x 2 m. À 9 cm de haut. tot., arrêter les 17 m.

Tricoter une seconde manche semblable. Coudre les épaules.

**COL**

Relever 34 m. autour de l'encolure, aig. n° 3, coloris Encre, tricoter en Côtes 2/2.

À 5,5 cm de hauteur totale, arrêter les mailles souplement.

Faire une bordure de m.s au crochet n° 3, le long du bord du col en faisant 2 boutonnières de 3 m.l, l'une à la base du col, la seconde à la moitié des côtes. Coudre 2 boutons.

Coudre les manches autour des emmanchures, puis coudre les côtés et les dessous de manches.

**FUSEAU**

Se commence par une jambe. Monter 30 m. aig. n° 3, coloris Flanelle, tricoter en Côtes 2/2 en augm. de chaque côté : 2 x 1 m. au 29e et au 37e rg. On a 34 m.

À 11 cm de haut. tot., diminuer 2 m. de chaque côté pour l'entrejambe, continuer sur les 30 m.

À 16 cm de haut. tot., rabattre les mailles.

Tricoter une seconde jambe semblable.

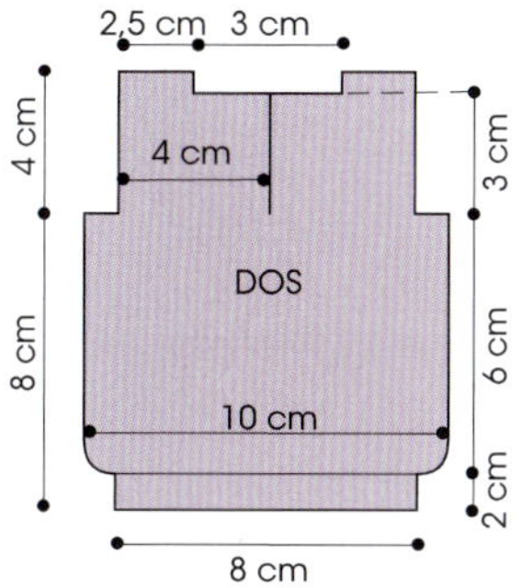


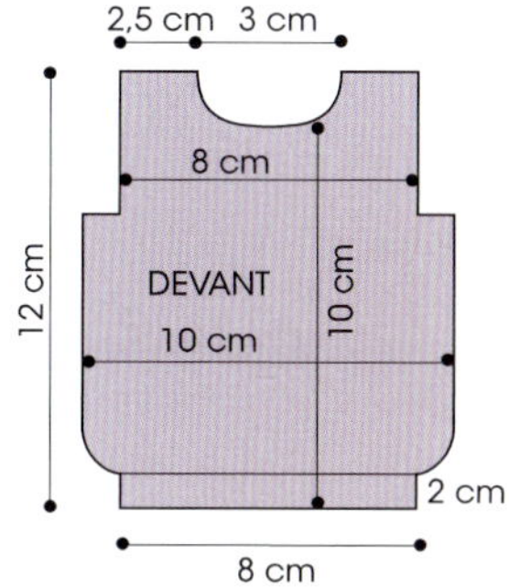


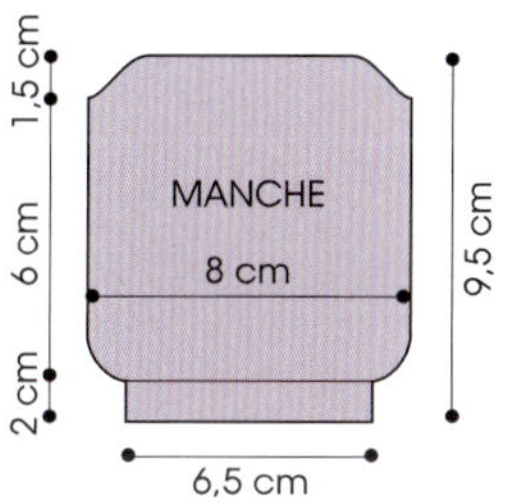


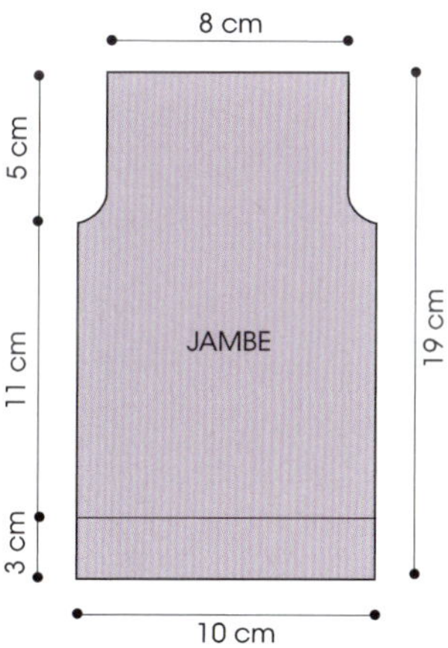

FRISE JACQUARD BONNET

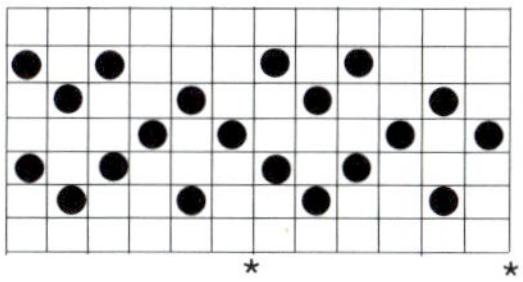


Répéter de * à * ces 6 m.

☐ Coloris Écru

⊡ Coloris Encre

## REVERS DE JAMBE

Relever 15 m. en bas de chaque jambe, aig. n° 5, coloris Écru (PHIL DOUCE), tricoter 5 rgs au Point mousse et arrêter les mailles. Faire de même pour la seconde jambe.

Coudre les jambes et l'entrejambe en inversant la couture pour le revers en fourrure.

## BONNET

Monter 74 m. aig. n° 3, coloris Écru (LAMBSWOOL), tricoter 3 cm (10 rgs) en Côtes 2/2.

Tricoter 2 rgs en Jersey puis continuer en Jacquard en suivant la grille de la frise. Continuer en Jersey coloris Écru.

À 6 cm de haut. tot., au 11ᵉ rg, commencer les diminutions ainsi :

6 m. end., *2 m. ens. à l'end., 10 m. end.*, répéter de * à * et terminer par 6 m. end.

Au 15ᵉ rg : 1 m. end., *2 m. ens. à l'end., 8 m. end.*, répéter de * à * et terminer par 2 m. ens., 1 m. end.

Au 19ᵉ rg : 4 m. end., *2 m. ens. à l'end., 8 m. end.*, répéter de * à * et terminer par 2 m. ens. à l'end., 5 m. end.

Au 21ᵉ rg : 4 m. end., *2 m. ens. à l'end., 7 m. end.*, répéter de * à * et terminer par 2 m. ens. à l'end., 4 m. end.

Au 23ᵉ rg : 3 m. end., *2 m. ens. à l'end., 6 m. end.*, répéter de * à * et terminer par 2 m. ens. à l'end., 4 m. end.

Au 25ᵉ rg : 3 m. end., *2 m. ens. à l'end., 5 m. end.*, répéter de * à * et terminer par 2 m. ens. à l'end., 4 m. end.

Au 27ᵉ rg : 2 m. end., *2 m. ens. à l'end., 4 m. end.*, répéter de * à * et terminer par 2 m. ens. à l'end., 3 m. end.

Au 29ᵉ rg : 2 m. end., *2 m. ens. à l'end., 3 m. end.*, répéter de * à * et terminer par 2 m. ens. à l'end., 2 m. end.

Au 31ᵉ rg : 1 m. end. *2 m. ens. à l'end., 2 m. end.*, répéter de * à * et terminer par 2 m. ens. à l'end., 1 m. end.

Au 33ᵉ rg : 1 m. end., 2 m. ens. à l'end. sur tout le rang.

Au 35ᵉ rg, passer un fil dans les mailles restantes et serrer.

Coudre à l'arrière du bonnet.

Confectionner un pompon gland coloris Encre.

## ÉCHARPE

Monter 15 m. aig. n° 3, coloris Encre, tric. en Côtes 1/1.

À 35 cm de haut. tot., arrêter les mailles. Faire 7 franges de 2 brins coloris Écru à chaque extrémité de l'écharpe.

# 2

## CAMILLE PETITE FILLE MODÈLE

Robe manches ballon en Jersey et Point
mousse - finitions picots au crochet.
Qualité SUPER BABY

3

## CAMILLE SE MARIE

Robe de mariée en Jersey, Point mousse et Jours. Voile et Jupon en tulle.
Qualité PHIL COTON 3

## 2 PETITE FILLE MODÈLE

**FOURNITURES**

Qualité SUPER BABY (70 % acrylique et 30 % laine d'agneau) : coloris Ciel 1 pelote • coloris Cygne 1 pelote • Aig. n° 3 • Crochet n° 2,5 • 2 boutons cœur blancs • 2 boutons mauves • 60 cm ruban organza mauve 15 mm

Taille unique

**POINTS**

- Jersey
- Point mousse
- Maille serrée (m.s)
- Maille coulée (m.c)
- Maille en l'air (m.l)
- Maille picot : 1 m.c , *3 m.l, 1 m.c dans la même m., 2 m.c*, répéter de * à *.

**ÉCHANTILLON**

Aiguilles n° 3 SUPER BABY en Jersey 10 cm = 30 m. et 40 rgs

**ROBE**

**DEVANT/DOS**

Se tricote en un seul morceau.

Monter 125 m. aig. n° 3, coloris Ciel, tricoter 1 rg end. sur l'env. = 1 barre mousse. Continuer en Jersey.

À 6 cm de hauteur totale, commencer les diminutions ainsi : 5 m. end., *2 m. ens. à l'end., 6 m. end.*, répéter de * à * et terminer par 6 m. end.

4 rgs plus haut : 4 m. end., *2 m. ens. à l'end., 5 m. end.*, répéter de * à * et terminer par 5 m. end.

4 rgs plus haut : 3 m. end., *2 m. ens. à l'end., 4 m. end.*, répéter de * à * et terminer par 5 m. end.

4 rgs plus haut : 2 m. end., *2 m. ens. à l'end., 3 m. end.*, répéter de * à * et terminer par 1 m. end.

2 rgs plus haut : 1 m. end., *2 m. ens. à l'end., 2 m. end.*, répéter de * à * et terminer par 2 m. ens., 1 m. end.

Continuer tout droit sur les 48 m.

À 13,5 cm de haut. tot. , tric. 11 m. end., arrêter 2 m., tric. 22 m. end., arrêter 2 m., tric. 11 m. end. Continuer sur les 11 m. de gauche en diminuant 1 x 1 m. côté emmanchure.

À 16,5 cm de haut. tot., arrêter les 5 m. de gauche et continuer sur les 5 m. restantes.

À 18 cm de haut. tot., arrêter les mailles.

Reprendre les 22 m. centrales, tricoter en Jersey, en dim. de chaque côté 1 x 1 m.

À 16 cm de haut. tot., arrêter les 6 m. centrales, et continuer chaque côté séparément en dim. côté encolure ts les 2 rgs : 2 x 1 m.

À 18 cm de haut. tot., arrêter les 5 m. restantes. Faire l'autre côté en vis-à-vis.

Reprendre les 11 m. de droite. Tric. en Jersey en diminuant 1 x 1 m. côté emmanchure.

À 16,5 cm de haut. tot., arrêter les 5 m. de droite et continuer sur les 5 m. restantes.

À 18 cm de haut. tot., arrêter les mailles.

**MANCHES**

Monter 18 m. aig. n° 3, coloris Ciel, tricoter 4 rgs en Point mousse = 2 barres mousse.

Continuer en Jersey en doublant les mailles sur le 1er rg. On a 36 m.

À 3 cm de hauteur totale, continuer les dim. de chaque côté ts les 2 rgs : 1 x 3 m., 1 x 2 m., 1 x 3 m., 1 x 4 m.

À 5 cm de haut. tot., arrêter les 12 m. restantes.

Tricoter une seconde manche semblable.

Coudre les épaules. Coudre les manches autour des emmanchures en fronçant la tête de manche. Coudre les dessous de manches. Fermer l'arrière de la robe jusqu'à la taille.

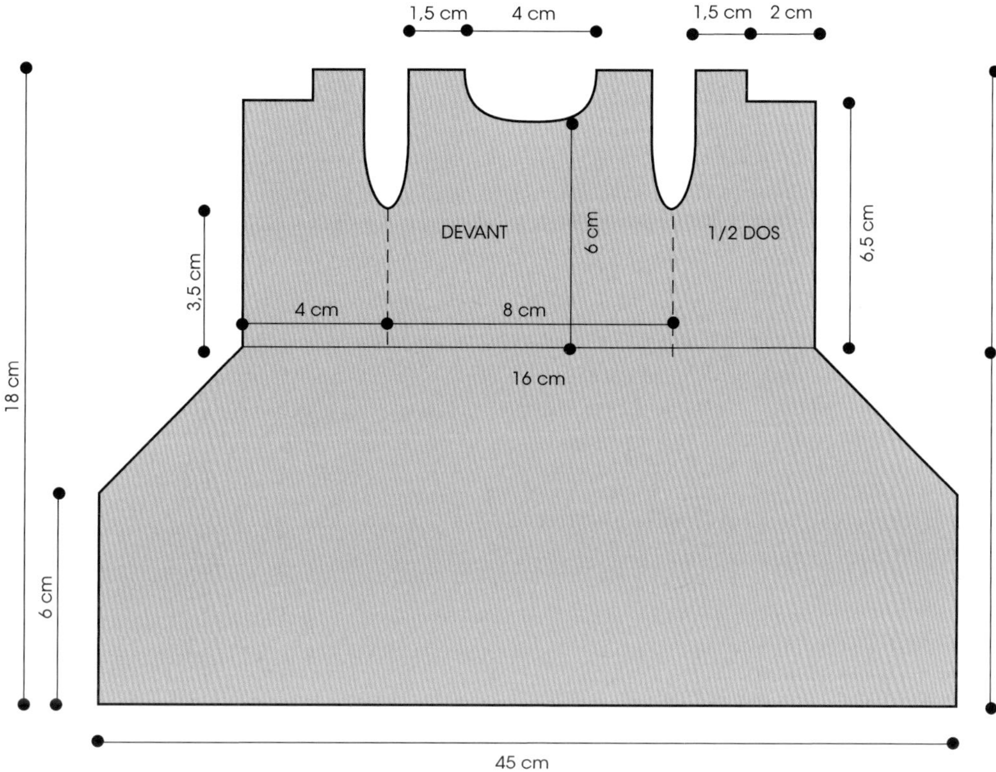


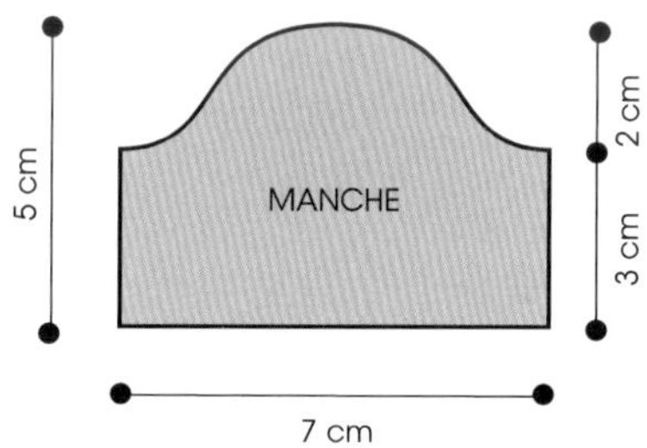


**Bordure dos :**

Avec le crochet n° 2,5, coloris Ciel, faire 1 rg de m.s au bord de l'ouverture dos en faisant 2 boutonnières de 3 m.l sur un côté. Coudre 2 boutons mauves.

**Bordure encolure :**

Avec le crochet n° 2,5, coloris Cygne, relever 35 m. en m.s autour de l'encolure et faire 1 rg de Mailles picot.

**Bordure manches :**

Avec le crochet n° 2,5, coloris Cygne, relever 17 m. en m.s autour de l'encolure et faire 1 rg de Mailles picot.

**Bordure bas de robe :**

Avec le crochet n° 2,5, coloris Cygne, relever 125 m. en m.s le long du bas de la robe et faire 1 rg de Mailles picot.

Coudre 2 boutons cœur blancs sur le devant. Nouer le ruban d'organza mauve autour de la taille.

# CAMILLE SE MARIE

## FOURNITURES

Qualité PHIL COTON 3 (100 % coton) : coloris Blanc 2 pelotes, coloris Rosée 1 pelote • Aig. n° 3 • Crochet n° 2,5 • 3 perles blanches • Tulle blanc • Lastex

Taille unique

## POINTS

- Jersey
- Point mousse
- Jours :

R1 : à l'endroit.

R2 : 2 m. env., *2 m. ens. à l'env., 1 jeté, 1 m. env.*, répéter de * à *.

- Point ajouré : voir grille.
- Surjet simple : glisser 1 m. sans la tricoter, tricoter la m. suivante et passer la m. glissée sur la m. tricotée.
- Maille serrée (m.s), maille coulée (m.c), maille en l'air (m.l), bride (b)
- Maille picot : 1 m.c, *3 m.l, 1 m.c dans la même m., 2 m.c*, répéter de * à *.
- Point d'arceaux : 1 m.s, *4 m.l, sauter 2 m., 1 m.s*, répéter de * à *.
- Point picot fantaisie : 1 m.c, *3 m.l, 1 m.c dans la même m., 1 m.c, 3 m.l, sauter 1 m.*, répéter de * à *.

## ÉCHANTILLON

Aiguilles n° 3 PHIL COTON 3 en Jersey 10 cm = 26 m. et 35 rgs

## JUPON

Monter 122 m. aig. n° 3, coloris Blanc, tricoter 1 rg end. sur l'env. = 1 barre mousse.

Continuer 2 rgs en Jours puis 2 rgs Point mousse = 1 barre mousse. Tricoter en Jersey.

À 5 cm de hauteur totale, tricoter 1 m. end. puis les mailles ens. 2 par 2 et terminer par 1 m. end. On a 62 m. Continuer en Jersey pendant 2 cm et mettre les mailles en attente.

**Volant :**

Monter 122 m. aig. n° 3, coloris Blanc, tricoter 1 rg end. sur l'env. = 1 barre mousse.

POINT AJOURÉ
Bas de robe

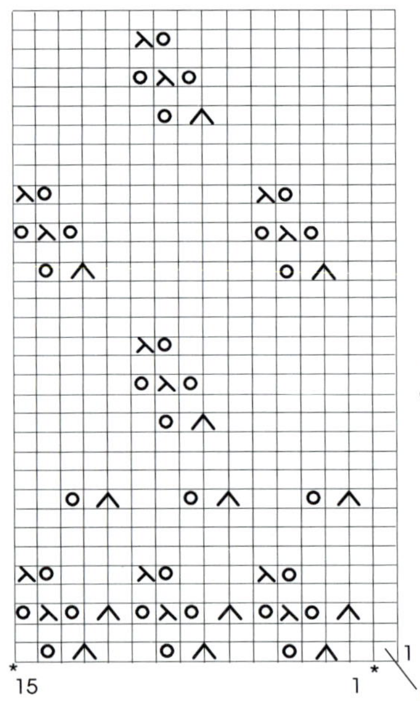


Répéter de * à * ces 15 m.

LOSANGE AJOURÉ
Bustier Robe

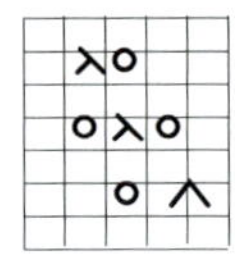

- m. jersey
- jeté
- surjet simple
- 2 m. ensemble à l'endroit

Continuer 2 rgs en Jours puis 2 rgs Point mousse = 1 barre mousse. Tricoter en Jersey.
À 5 cm de haut. tot., tricoter 1 m. end. puis les mailles ens. 2 par 2 et terminer par 1 m. end. On a 62 m. Continuer en Jersey pendant 2 cm et mettre les mailles en attente.
Reprendre les mailles en attente et les mailles du volant en les tricotant ens. 2 par 2. On a 62 m.
Continuer en Jersey pendant 10 cm.
À 17 cm de haut. tot., tric 1 m. end., *1 m. end., 2 m. ens.*, répéter de * à * et terminer par 1 m. end. On a 42 m. Tricoter 4 rgs tout droit et laisser les mailles en attente.

**DESSUS DE ROBE**
Monter 122 m. aig. n° 3, coloris Blanc, tricoter 1 rg end. sur l'env. = 1 barre mousse.
Continuer 2 rgs en Jours puis 2 rgs Point mousse = 1 barre mousse.
Tricoter 4 rgs en Jersey puis poursuivre en Point ajouré (voir grille).
À 12 cm de hauteur totale, tricoter 1 m. end. puis les mailles ens. 2 par 2 et terminer par 1 m. end. On a 62 m. Au rg suivant, tric. 1 m. end., *1 m. end., 2 m. ens.*, répéter de * à * et terminer par 1 m. end. On a 42 m.
Reprendre les mailles en attente du jupon et les mailles du dessus de robe en les tricotant ens. 2 par 2. Continuer 6 rgs en Jersey puis placer le losange ajouré au milieu du devant ainsi : tric. 20 m. end., 2 m. ens., 1 jeté, 20 m. end. (suivre la grille) puis continuer en Jersey.
Simultanément à 2,5 cm de hauteur de bustier, arrêter les 12 m. de droite et les 11 m. de gauche. On a 19 m. Continuer en diminuant de chaque côté ts les 2 rgs : 1 x 2 m., 1 x 1 m. On a 13 m.
À 5 cm de hauteur de bustier, arrêter les mailles.
Fermer par une couture arrière le jupon et le volant ainsi que l'arrière du dessus de robe et du bustier.
**Bordure bas du jupon :**
Relever 122 m. en mailles serrées, crochet n° 2,5, coloris Blanc, en bas du jupon puis crocheter 1 rg au Point de picot fantaisie.

**Bordure bas du volant :**
Relever 122 m. en mailles serrées, crochet n° 2,5, coloris Blanc, en bas du jupon puis crocheter 1 rg au Point d'arceaux.
**Bordure bas du dessus de robe :**
Relever 122 m. en mailles serrées, crochet n° 2,5, coloris Blanc, en bas du jupon puis crocheter 1 rg en Mailles picot.
**Bordure bustier :**
Relever 49 m. en mailles serrées, crochet n° 2,5, coloris Blanc, le long du haut du bustier devant/dos puis crocheter 1 rg en Mailles picot.
Faire 4 bretelles de 30 m.l au crochet n° 2,5 et crocheter 1 rg en mailles coulées.
Coudre 2 bretelles devant et 2 bretelles au dos et nouer sur chaque épaule.

**VOILE**
Couper un morceau de tulle de 50 cm de largeur x 100 cm de hauteur et le plier en 2 dans le sens de la hauteur. Passer un fil de lastex à 2,5 cm de la pliure.
Froncer et nouer derrière la tête de la poupée.
**Fleurs :**
Avec le crochet n° 2,5, coloris Rose, monter 5 m.l et fermer en rond par 1 m.c.
R1 : 1 m.l, 10 m.s et fermer par 1 m.c.
R2 : *3 m.l, 1 bride, 3 m.l dans une maille, 1 m.c*, répéter de * à * 5 fois en tout. Arrêter.
Crocheter 3 fleurs et coudre en haut du voile avec une perle pour le cœur.

## 4

## CHLOÉ À L'OPÉRA

Robe du soir, Étole en fourrure, Bracelet et Sac cœur en Jersey, Point mousse et au crochet.
Qualités STRASS LIGHT et NEIGE

## 4 CHLOÉ À L'OPÉRA

**FOURNITURES**

Qualité STRASS LIGHT (55 % polyester et 45 % laine) : coloris Gypse 1 pelote, coloris Rubis 1 pelote • Qualité NEIGE (100 % polyamide) : coloris Piment 1 pelote • Aig. n° 3,5 et 5 • Crochet n° 3 • Perles dorées (environ 50) • Lastex • 75 cm ruban satin rouge 15 mm

Taille unique

**POINTS**

- Jersey
- Surjet simple : glisser 1 m. sans la tricoter, tricoter la m. suivante et passer la m. glissée sur la m. tricotée.
- Maille serrée (m.s)
- Maille en l'air (m.l)
- Maille coulée (m.c)
- Demi-bride (db)
- Bride (b)
- Double bride (Db)

**ÉCHANTILLON**

Aiguilles n° 3,5 (2 fils) STRASS LIGHT en Jersey 10 cm = 24 m. et 35 rgs

Aiguilles n° 5 NEIGE en Jersey 10 cm = 12 m. et 18 rgs

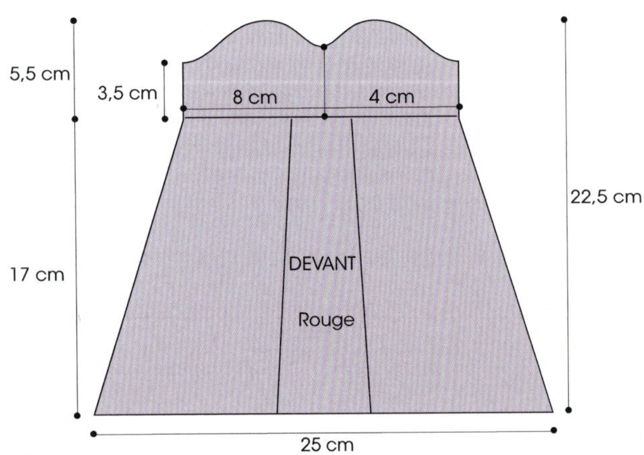


**ROBE**

**DOS**

Monter 60 m. aig. n° 3,5, coloris Gypse (2 fils), tricoter 1 rg end. sur l'env. = 1 barre mousse. Continuer en Jersey.

À 15,5 cm de hauteur totale, commencer les diminutions ainsi :

2 m. end., *1 surjet simple, 3 m. end.*, répéter de * à * et terminer par 1 m. end. On a 48 m.

2 rgs plus haut : 2 m. end., *1 surjet simple, 2 m. end.*, répéter de * à *. On a 36 m.

2 rgs plus haut : 1 m. end., *1 surjet simple, 1 m. end.*, répéter de * à *. On a 24 m.

Puis au rang suivant : 1 m. end., 1 surjet simple, 18 m. end., 1 surjet simple, 1 m. end. On a 22 m.

Et au rang suivant : 1 m. end., 1 surjet simple, 16 m. end., 1 surjet simple, 1 m. end. On a 20 m.

Continuer sur ces 20 m.

À 20,5 cm de hauteur totale, arrêter les mailles.

**DOS**

Monter 60 m. aig. n° 3,5, coloris Gypse (2 fils), tricoter 1 rg end. sur l'env. = 1 barre mousse. Continuer en Jersey intarsia ainsi : 24 m. coloris Gypse, 12 m. coloris Rubis, 24 m. coloris Gypse.

À 15,5 cm de hauteur totale, commencer les diminutions ainsi :

2 m. end., *1 surjet simple, 3 m. end.*, répéter de * à * et terminer par 1 m. end. On a 48 m.

2 rgs plus haut : 2 m. end., *1 surjet simple, 2 m. end.*, répéter de * à *. On a 36 m.
2 rgs plus haut : 1 m. end., *1 surjet simple, 1 m. end.*, répéter de * à *. On a 24 m.
Puis au rang suivant : 1 m. end., 1 surjet simple, 18 m. end., 1 surjet simple, 1 m. end. On a 22 m.
Et au rang suivant : 1 m. end., 1 surjet simple, 16 m. end., 1 surjet simple, 1 m. end. On a 20 m.
Continuer sur ces 20 m.
À 20,5 cm de haut. tot., diminuer de chaque côté pour les emmanchures ts les 2 rgs : 1 x 2 m., 1 x 1 m. On a 14 m.
Continuer sur les 7 m. de gauche en diminuant de chaque côté : 1 x 1 m.
À 22 cm de haut. tot., arrêter les 5 m. restantes. Faire de même pour le côté droit.
Coudre le devant et le dos par les coutures de côté.
Border tout le bas de la robe d'un rang de mailles serrées, crochet n° 3, coloris Gypse (fil en double).
Border tout le haut de la robe (dos et devant) avec 1 rg de m.s, coloris Gypse (fil en double).
Faire une bride d'1,5 cm de chaque côté pour bloquer le ruban de la ceinture.
Pour les bretelles, enfiler des perles dorées sur du lastex et coudre sur le devant et le dos en réglant la hauteur.

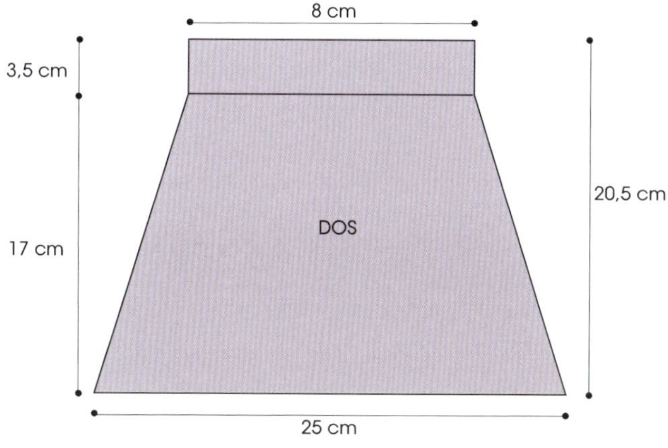

**ÉTOLE**
Monter 40 m. aig. n° 5, coloris Piment. Tricoter en Jersey en rangs raccourcis ts les rgs en laissant en attente à chaque fin de rang : 1 x 5 m., 1 x 9 m., 1 x 12 m., 1 x 14 m., 1 x 15 m.
Il reste 10 m. Reprendre toutes les mailles, tricoter 1 rang et arrêter les mailles souplement.

**SAC CŒUR**
Avec le crochet n° 3, coloris Rubis, faire une chaînette de 5 m.l, fermer par 1 m.c dans le centre.
R1 : crocheter 4 doubles brides, 3 brides, 1 db, 3 b, 4 Db, fermer par 1 m.c. On a 15 m.
R2 : 2 m.c, 1 m.s, 2 m.s dans 1 m., 2 m.s dans 1 m., 2 m.s, 3 m.s dans 1 m., 2 m.s, 2 m.s dans 1 m., 2 m.s dans 1 m., 1 m.s, 2 m.c, fermer par 1 m.c au centre. On a 21 m.
R3 : 1 m.c, 3 m.s, 2 m.s dans 1 m., 2 m.s dans 1 m., 2 m.s dans 1 m., 3 m.s, 3 m.s dans 1 m., 3 m.s, 2 m.s dans 1 m., 2 m.s dans 1 m., 2 m.s dans 1 m., 3 m.s, fermer par 1 m.c., puis crocheter 17 m.l. Arrêter.
Crocheter un second cœur identique.
Assembler les 2 cœurs, end. contre end., par 1 rg de m.s.
Retourner le sac.

# 5

## MARIE À ROLAND GARROS

Robe sans manches, Short, Bandeau et Poignets en Jersey, Point mousse et Côtes 1/1.
Qualité PHIL COTON 3

## 5 MARIE À ROLAND GARROS

**FOURNITURES**

Qualité PHIL COTON 3 (100 % coton) : coloris Turquoise 1 pelote, coloris Blanc 1 pelote, coloris Vitamine 1 pelote • Aig. n° 3 • Crochet n° 3 • 2 boutons orange

Taille unique

**POINTS**

- Jersey
- Point mousse
- Côtes 1/1
- Maille serrée (m.s)
- Maille en l'air (m.l)

**ÉCHANTILLON**

Aiguilles n° 3 PHIL COTON 3 en Jersey 10 cm = 26 m. et 35 rgs

**ROBE**

**DEVANT/DOS**

Se tricote en un seul morceau.

Monter 80 m. aig. n° 3, coloris Turquoise, tricoter 2 rgs en Point mousse = 1 barre mousse, 2 rgs en Jersey Blanc, 2 rgs en Point mousse Turquoise, 2 rgs en Jersey Blanc, 2 rgs en Point mousse Turquoise.

Continuer en Jersey coloris Blanc.

À 6 cm de hauteur totale, tricoter les m. ens. 2 par 2.

Continuer en Jersey coloris Turquoise sur les 40 m.

À 10 cm de haut. tot., tric. 8 m. end., arrêter 3 m., tric. 18 m. end., arrêter 3 m., tric. 8 m. end. Continuer sur les 8 m. de gauche en diminuant 1 x 1 m. côté emmanchure.

À 13 cm de haut. tot., arrêter les 3 m. de gauche et continuer sur les 4 m. restantes.

À 15 cm de haut. tot., arrêter les mailles.

Reprendre les 18 m. centrales, tricoter en Jersey, en dim. de chaque côté 1 x 1 m.

À 12 cm de haut. tot., arrêter les 4 m. centrales, et continuer chaque côté séparément en dim. côté encolure ts les 2 rgs : 2 x 1 m.

À 15 cm de haut. tot., arrêter les 4 m. restantes. Faire l'autre côté en vis-à-vis.

Reprendre les 8 m. de droite. Tric. en Jersey en diminuant 1 x 1 m. côté emmanchure.

À 13 cm de haut. tot., arrêter les 3 m. de droite et continuer sur les 4 m. restantes.

À 15 cm de haut. tot., arrêter les mailles.

Coudre les épaules. Fermer l'arrière de la robe sur 7 cm.

Broder en suivant la grille, le chiffre 3 au Point de maille, coloris Vitamine, sur le devant de la robe.

**Bordure dos et encolure :**

Avec le crochet n° 3, coloris Turquoise, faire 1 rg de m.s au bord de l'ouverture dos gauche, de l'encolure et de l'ouverture dos droit en faisant 2 boutonnières de 3 m.l sur un côté. Coudre 2 boutons orange.

**Bordure emmanchures :**

Avec le crochet n° 3, coloris Turquoise, faire 1 rg de m.s tout autour de l'emmanchure.

**BANDEAU**

Monter 77 m. aig. n° 3, coloris Vitamine. Tricoter 2 cm (6 rgs) en Côtes 1/1 et arrêter les mailles. Coudre.

**POIGNETS**

Monter 17 m. aig. n° 3, coloris Vitamine. Tricoter 2 cm (6 rgs) en Côtes 1/1 et arrêter les mailles. Tricoter un autre poignet semblable. Coudre.

**SHORT**

Se commence par une jambe.

Monter 31 m., aig. n° 3, coloris Blanc, tricoter 2 rgs en Point mousse = 1 barre mousse. Continuer en Jersey, coloris Vitamine.

À 3 cm de hauteur totale, diminuer de chaque côté : 1 x 2 m. On a 27 m. Continuer tout droit.

À 5,5 cm de haut. tot., tricoter en Côtes 1/1.

À 7 cm de haut. tot., arrêter les mailles.

Tricoter une seconde jambe semblable.

Coudre les jambes et l'entrejambe.

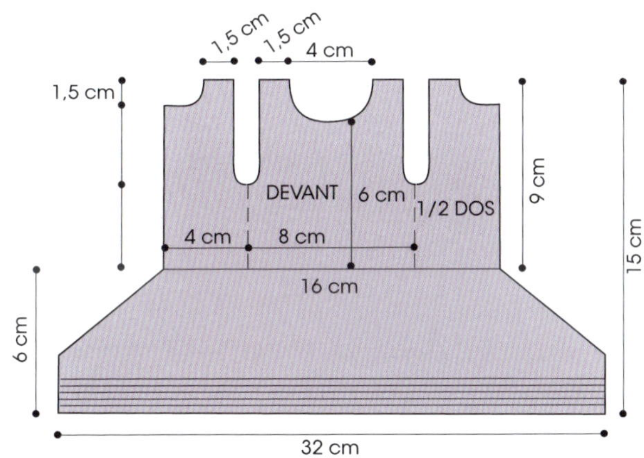


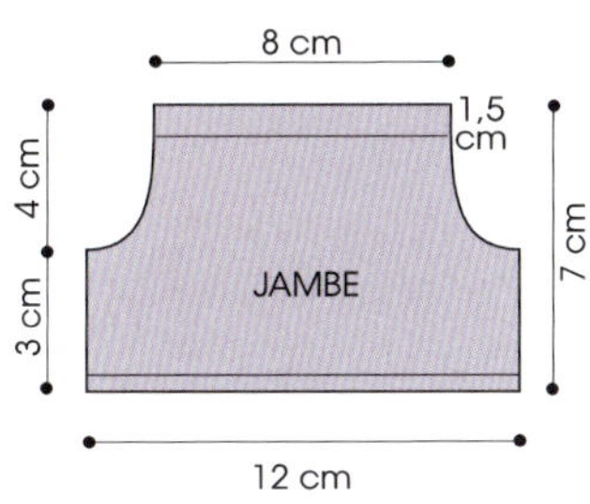


BRODERIE DEVANT

☐ Coloris Turquoise

☑ Coloris Vitamine

Point de maille

6

## CHLOÉ EN BALLERINE

Tutu et Chauffe-épaules en Jersey, Point mousse et Jours - finitions picots au crochet. Jupon en tulle.
Qualités SUPER BABY et PILOU +

# 6 CHLOÉ EN BALLERINE

**FOURNITURES**

Qualité SUPER BABY (70 % acrylique et 30 % laine d'agneau) : coloris Rose 1 pelote • Qualité PILOU + (52 % acrylique, 32 % polyamide, 13 % laine et 3 % élasthanne): coloris Poudre 1 pelote • Aig. n° 3 et 5 • Crochet n° 2,5 • 1 paillette étoile • 45 cm ruban satin blanc 5 mm • 40 cm ruban satin blanc 10 mm • Tulle blanc • Lastex

Taille unique

**POINTS**

- Jersey
- Point mousse
- Jours échelle :

R1 : *3 m. end., 1 jeté, 1 surjet simple, 1 m. end*, répéter de * à *.
R2 : à l'envers.
Répéter des 2 rgs.

- Surjet simple : glisser 1 m. sans la tricoter, tricoter la m. suivante et passer la m. glissée sur la m. tricotée.
- Maille serrée (m.s)
- Maille en l'air (m.l)
- Demi-bride (db)
- Bride (b)
- Maille picot : 1 m.c, *3 m.l, 1 m.c dans la même m., 2 m.c*, répéter de * à *.

**ÉCHANTILLON**

Aiguilles n° 3 SUPER BABY en Jersey 10 cm = 30 m. et 40 rgs

**TUTU**

Se tricote en un seul morceau.
Monter 140 m. aig. n° 3, coloris Rose (SUPER BABY), tricoter 3 rgs end. sur l'env. = 2 barres mousse. Continuer 2 rgs en Jersey puis continuer en Jours échelle ainsi :
*3 m. end., 1 jeté, 1 surjet simple, 1 m. end.*, répéter de * à * et terminer par 3 m. end., 1 jeté, 1 surjet simple, 3 m. end.
À 5,5 cm de hauteur totale, commencer les diminutions ainsi : 3 m. end., *1 jeté, 1 surjet simple, 2 m. ens. à l'end., 2 m. end.*, répéter de * à * et terminer par 1 jeté, 1 surjet simple, 3 m. end.
6 rgs plus haut : 3 m. end., *1 jeté, 1 surjet simple, 2 m. ens. à l'end., 1 m. end.*, répéter de * à * et terminer par 1 jeté, 1 surjet simple, 2 m. ens. à l'end., 1 m. end.
6 rgs plus haut : tricoter les m. ensemble 2 par 2. On a 46 m.
Continuer tout droit en Jersey.
À 13,5 cm de haut. tot., arrêter 15 m. de chaque côté et continuer sur les 16 m. centrales.
À 15 cm de haut. tot., tric. 2 rgs en Point mousse = 1 barre mousse et arrêter les mailles.
Fermer par une couture arrière.
**Bordure bas de tutu :**
Relever 125 m. en mailles serrées, crochet n° 2,5, coloris Rose,

en bas du tutu puis crocheter 1 rg en Mailles picot.

**Bordure haut devant/dos :**

Relever 52 m. en mailles serrées, crochet n° 2,5, coloris Rose, puis crocheter 1 rg en Mailles picot.

Coudre 2 morceaux de ruban blanc 5 mm de chaque côté du devant et nouer autour du cou. Coudre la paillette sur le devant au centre.

Faire un nœud avec le ruban satin blanc de 10 mm et coudre au milieu du devant.

**JUPON**

Plier en 2 un morceau de tulle de 80 cm de largeur x 30 cm de hauteur et passer un fil de lastex au niveau de la pliure et serrer. Ajuster à la taille de la poupée.

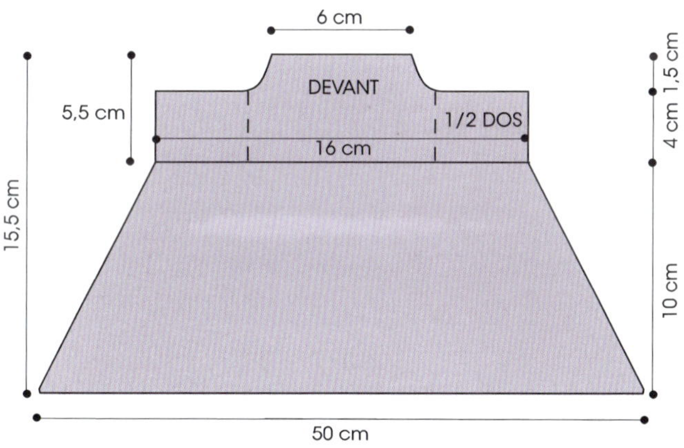


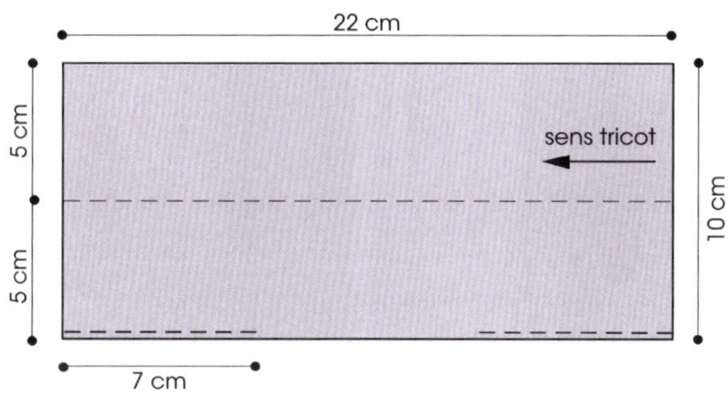


**CACHE-ÉPAULES**

Monter 21 m. aig. n° 5, coloris Poudre (PILOU +), tricoter au Point mousse.

À 21 cm de hauteur totale, arrêter les mailles.

Plier en 2 dans le sens de la longueur. Coudre de chaque côté sur 7 cm (voir patron).

# 7

## CAMILLE À LA PATINOIRE

Robe patineuse et Bandeau à oreilles en Jersey et Point mousse.
Qualités IMPACT ou PARTNER 3,5 et NEIGE

8

## CHLOÉ REINE DU HIP-HOP

Sweat à capuche, Short et Jambières en Jersey et Côtes 1/1.
Qualités IMPACT et PARTNER 3,5

# 7 CAMILLE À LA PATINOIRE

**FOURNITURES**

Qualité IMPACT (100 % acrylique) coloris Rose fluo ou Qualité PARTNER 3,5 (50 % polyamide, 25 % acrylique, 25 % laine peignée) coloris Grenadine : 1 pelote • Qualité NEIGE (100 % polyamide) : coloris Flocon 1 pelote • Aig. n° 3,5 et 5 • Crochet n° 3 • 3 boutons • 3 pompons blancs

Taille unique

**POINTS**

- Jersey
- Point mousse
- Maille serrée (m.s)
- Maille en l'air (m.l)

**ÉCHANTILLON**

Aiguilles n° 3,5 IMPACT en Jersey 10 cm = 23 m. et 30 rgs

**ROBE**

**DEVANT/DOS**

Se tricote en un seul morceau.
Monter 92 m. aig. n° 3,5, coloris Rose fluo ou Grenadine, tricoter 1 rg end. sur l'env. = 1 barre mousse.
Continuer en Jersey.
À 8 cm de hauteur totale, faire les diminutions ainsi :
1 m. end., 3 m. ens. à l'end., sur tout le rang et terminer par 1 m. end. On a 32 m.
Continuer en Jersey.
À 12,5 cm de haut. tot., tric. 7 m. end., arrêter 2 m., tric. 14 m. end., arrêter 2 m., continuer sur les 7 m. de gauche.
À 15,5 cm de haut. tot., dim. les 3 m. de gauche et continuer sur les 4 m. restantes.
À 17 cm de haut. tot., arrêter les m.
Reprendre les 14 m. centrales, tricoter en Jersey.
À 14,5 cm de haut. tot., arrêter les 4 m. centrales, et continuer chaque côté séparément en dim. côté encolure : 1 x 1 m.
À 17 cm de haut. tot., arrêter les 4 m. restantes.
Faire l'autre côté en vis-à-vis.
Reprendre les 7 m. de droite.
À 15,5 cm de haut. tot., dim. les 3 m. de droite et continuer sur les 4 m. restantes.
À 17 cm de haut. tot., arrêter les mailles.
Relever 66 m., aig. n° 5, coloris Flocon (NEIGE) en bas de la robe. Tricoter 4 rgs end. = 2 barres mousse et arrêter les mailles.

## MANCHE

Se commence par le haut.
Monter 18 m. aig. n° 3,5, coloris Rose fluo ou Grenadine, tricoter en Jersey.
À 7 cm de hauteur totale, continuer aig. n° 5, coloris Flocon (NEIGE) en diminuant 5 m. sur le 1er rg. Tric. 4 rgs en Point mousse = 2 barres mousse et arrêter les mailles.
Tricoter une seconde manche semblable.
Coudre les épaules. Assembler les manches autour des emmanchures et coudre les dessous de manches.

**Bordure dos :**
Avec le crochet n° 3, coloris Rose fluo ou Grenadine, faire 1 rg de m.s au bord de l'ouverture dos en faisant 3 boutonnières de 3 m.l sur un côté. Coudre les boutons.
Coudre 3 pompons blancs sur le devant.

## COL

Remonter 15 m. aig. n° 5, coloris Flocon (NEIGE), sur un côté de l'encolure (du milieu devant au milieu dos). Tric. 4 rgs en Point mousse = 2 barres mousse et arrêter les mailles.
Faire de même pour l'autre côté.

## BANDEAU

Faire une chaînette de 45 m.l crochet n° 3, coloris Rose fluo ou Grenadine.
Crocheter 2 rgs en m.s et arrêter. Fermer en rond.
**Oreilles :** monter 5 m. aig. n° ,5, coloris Flocon (NEIGE), tricoter en Jersey en augm. de chaque côté ts les 2 rgs : 2 x 1 m. Tric. 4 rgs tout droit puis dim. de chaque côté ts les 2 rgs : 2 x 1 m. Arrêter les 5 m.
Tricoter une seconde oreille semblable.
Passer un fil tout autour de chaque oreille en bordure et serrer.
Coudre de chaque côté du bandeau.

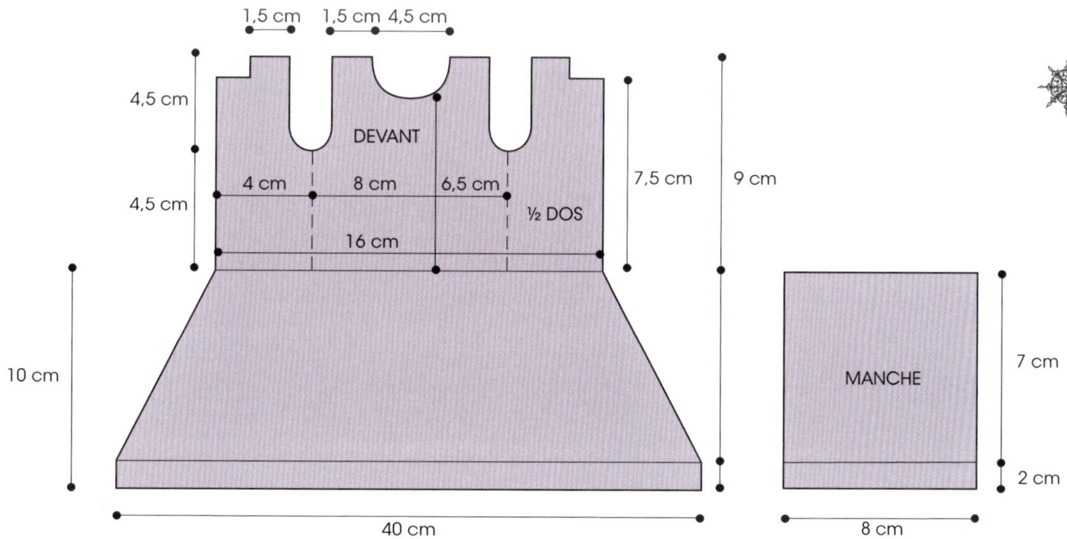

# 8 CHLOÉ REINE DU HIP-HOP

**FOURNITURES**

Qualité IMPACT (100 % acrylique) coloris Rose fluo ou qualité PARTNER 3,5 coloris Grenadine : 1 pelote • Qualité PARTNER 3,5 (50 % polyamide, 25 % acrylique, 25 % laine peignée) : coloris Acier 1 pelote, coloris Noir 1 pelote • Aig. n° 3,5 • Crochet n° 3 • Lastex

Taille unique

**POINTS**

- Jersey
- Côtes 1/1
- Surjet simple : glisser 1 m. sans la tricoter, tricoter la m. suivante et passer la m. glissée sur la m. tricotée.
- Maille serrée (m.s)
- Maille en l'air (m.l)

**ÉCHANTILLONS**

Aiguilles n° 3,5 IMPACT en Jersey 10 cm = 23 m. et 30 rgs
Aiguilles n° 3,5 PARTNER 3,5 en Jersey 10 cm = 23 m. et 30 rgs

**PULL À CAPUCHE**

**DOS**

Monter 25 m. aig. n° 3,5, coloris Rose fluo ou Grenadine, tricoter 1 cm (3 rgs) en Côtes 1/1. Continuer en Jersey.
À 7 cm de hauteur totale, diminuer 1 x 3 m. de chaque côté pour les emmanchures. On a 19 m.
À 10 cm de haut. tot., arrêter les 7 m. centrales et continuer chaque épaule séparément sur 6 m.
À 11 cm de haut. tot., arrêter les mailles.
Faire de même pour l'autre épaule.

**DEVANT**

Monter 25 m. aig. n° 3,5, coloris Rose fluo ou Grenadine, tricoter 1 cm (3 rgs) en Côtes 1/1. Continuer en Jersey.
À 7 cm de hauteur totale, diminuer 1 x 3 m. de chaque côté pour les emmanchures. On a 19 m.
2 rgs plus haut, diminuer la m. centrale et séparer le travail en 2. Continuer sur les 9 m. de gauche.
À 9 cm de haut. tot., arrêter côté encolure ts les 2 rgs : 1 x 2 m., 1 x 1 m. À 11 cm de haut. tot., arrêter les 6 m.
Faire de même pour l'autre côté en vis-à-vis.

**MANCHE**

Monter 17 m. aig. n° 3,5, coloris Acier, tricoter 1,5 cm (5 rgs) en Côtes 1/1. Continuer en Jersey coloris Rose fluo ou Grenadine.
À 8,5 cm de hauteur totale, arrêter les mailles.
Tricoter une seconde manche semblable.

**CAPUCHE**

Monter 59 m. aig. n° 3,5, coloris Acier, tricoter 1,5 cm (5 rgs) en Côtes 1/1. Continuer en Jersey coloris Noir.
À 6 cm de hauteur totale, arrêter les mailles.

**POCHE**

Monter 15 m. aig. n° 3,5, coloris Noir, tricoter 2 rgs en Jersey puis diminuer de chaque côté ts les 2 rgs à 1 m. du bord : 4 x 1 m. Quand il reste 7 m., arrêter les mailles.
Coudre la poche le long des côtes du bas du devant.
Coudre les épaules.
Assembler les manches autour des emmanchures. Coudre les côtés et les dessous de manches.
**Bordure devant :**
Crocheter 1 rg en mailles serrées, crochet n° 3, coloris Rose fluo ou Grenadine le long de la bordure devant et arrêter.
Plier la capuche en 2 et coudre. Replier la pointe à l'intérieur suivant le schéma et fixer par un point. Coudre la capuche autour de l'encolure.
Faire 2 chaînettes de 30 m.l, coloris Acier, et les coudre à la

base de la capuche de chaque côté.

**SHORT**

Se commence par une jambe.

Monter 31 m. aig. n° 3,5, coloris Noir, tricoter 1 cm (3 rgs) en Côtes 1/1. Continuer en Jersey.

À 4,5 cm de hauteur totale, diminuer de chaque côté : 1 x 2 m. On a 27 m. Continuer tout droit.

À 8 cm de haut. tot., tricoter en Côtes 1/1.

À 9 cm de haut. tot., arrêter les mailles.

Tricoter une seconde jambe semblable.

Coudre les jambes et l'entrejambe.

Broder 1 rg au Point de piqûre coloris Rose fluo ou Grenadine juste au-dessus des côtes.

**JAMBIÈRE**

Monter 19 m. aig. n° 3,5, coloris Acier, tricoter en Côtes 1/1 rayées ainsi :

*4 rgs Acier, 2 rgs Rose fluo ou Grenadine*, répéter de * à * en augmentant de chaque côté : 2 x 1 m. au 13$^e$ et au 19$^e$ rg.

À 8 cm de haut. tot., arrêter les 23 m.

Tricoter une seconde jambière semblable.

Coudre à l'arrière.

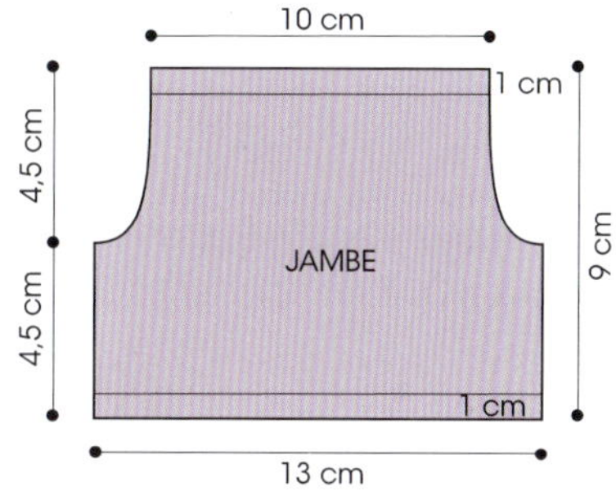


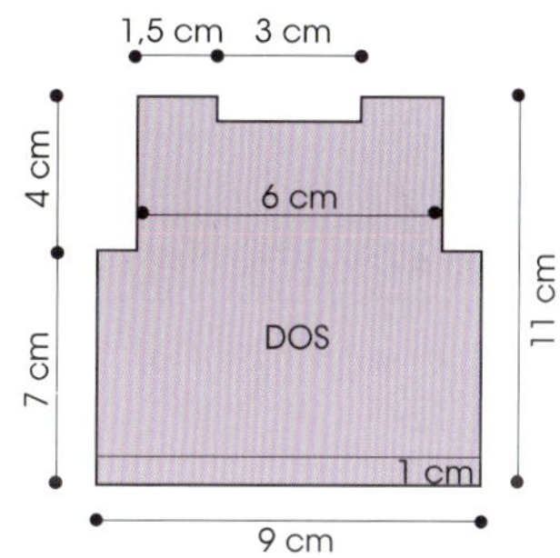

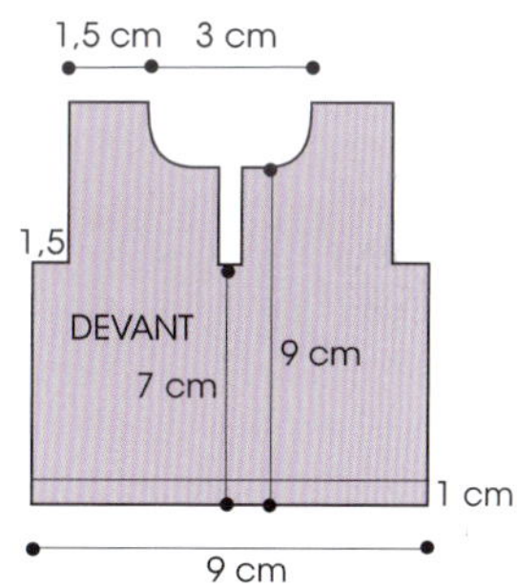


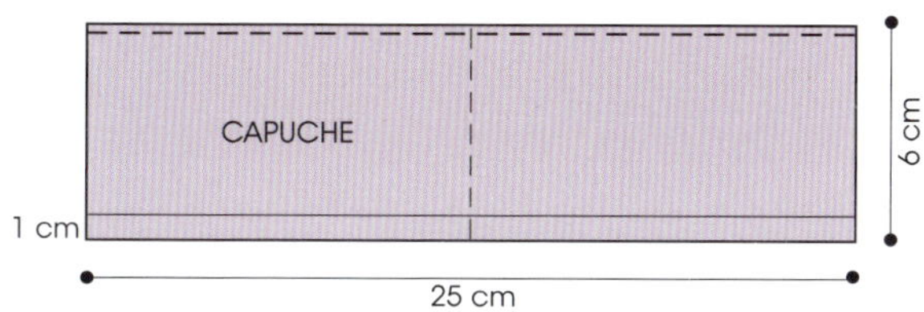


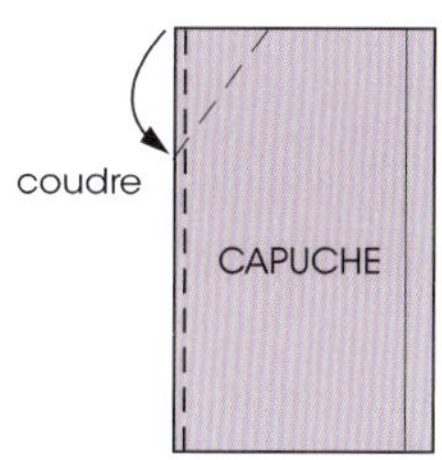


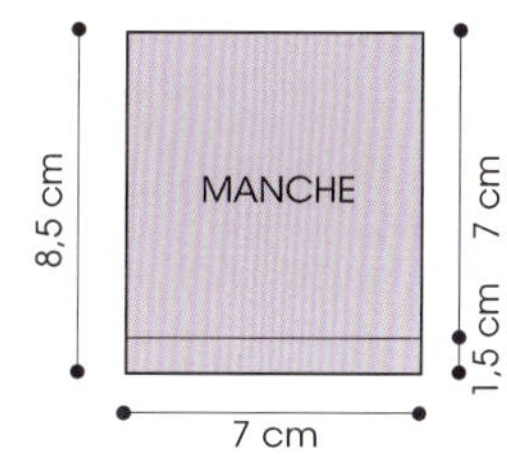

9

## CHLOÉ À LONGCHAMP

Veste, Jodhpur et Bombe en Jersey,
Point mousse et Côtes 1/1.
Qualité PARTNER 3,5

## 9 CHLOÉ À LONGCHAMP

**FOURNITURES**

Qualité PARTNER 3,5 (50 % polyamide, 25 % acrylique, 25 % laine peignée) : coloris Pavot 1 pelote, coloris Camel 1 pelote, coloris Noir 1 pelote • Aig. n° 3 et 3,5 • Crochet n° 3 • 3 boutons noirs • Lastex

Taille unique

**POINTS**

- Jersey
- Point mousse
- Côtes 1/1
- Augmentation intercalaire : piquer l'aig. gauche sous le fil reliant la m. que l'on vient de tric. et la m. suivante. Dans la boucle formée, faire une m. end. en piquant l'aig. droite sous le brin arrière de la boucle.
- Surjet simple : glisser 1 m. sans la tricoter, tricoter la m. suivante et passer la m. glissée sur la m. tricotée.
- Maille serrée (m.s)
- Maille coulée (m.c)
- Maille en l'air (m.l)

**ÉCHANTILLON**

Aiguilles n° 3,5 PARTNER 3,5 en Jersey 10 cm = 23 m. et 30 rgs

**VESTE**

**DOS**

Monter 43 m. aig. n° 3, coloris Pavot, tricoter en Point mousse 4 rgs = 2 barres mousse. Tricoter 4 rgs en Jersey avec les aig. n° 3,5 en Jersey puis diminuer ainsi :
7 m. end., *1 surjet simple, 1 m. end., 2 m. ens. à l'end., 7 m. end.*, répéter de * à * 3 fois en tout et terminer par 7 m. end.
Continuer les diminutions ts les 2 rgs les unes au-dessus des autres encore 3 fois. Il reste 19 m. Continuer en Jersey tout droit sur ces 19 m. À 8 cm de hauteur totale, diminuer 2 m. de chaque côté pour les emmanchures. On a 15 m.
À 11 cm de haut. tot., arrêter les 7 m. centrales et continuer chaque épaule séparément sur 4 m.
À 12 cm de haut. tot., arrêter les mailles.

**DEMI-DEVANT DROIT**

Monter 27 m. aig. n° 3, coloris Pavot, tricoter en Point mousse 4 rgs = 2 barres mousse. Tricoter 4 rgs en Jersey avec les aig. n° 3,5 en Jersey puis diminuer ainsi :
5 m. end., *1 surjet simple, 1 m. end., 2 m. ens. à l'end., 7 m. end.*, répéter de * à * 2 fois en tout et terminer par 5 m. end.
Continuer les diminutions ts les 2 rgs les unes au-dessus des autres encore 3 fois. Il reste 11 m. Continuer en Jersey tout droit sur ces 11 m.
À 8 cm de hauteur totale, diminuer 2 m. côté emmanchure. On a 9 m.
À 10 cm de haut. tot., arrêter 3 m. côté encolure puis 2 x 1 m. ts les 2 rgs. À 12 cm de haut. tot., arrêter les 4 m.
Tricoter le demi-devant gauche en vis-à-vis.

**MANCHE**

Se commence par le haut.
Monter 18 m. aig. n° 3, coloris Pavot, tricoter en Jersey.
À 8,5 cm de hauteur totale, continuer en Point mousse col. Noir, aig. n° 3,5, en augmentant 2 x 1 m. à chaque extremité ts les 2 rgs. À 10,5 cm de haut. tot., arrêter les mailles.
Coudre les épaules.

### COL

Relever 30 m. autour de l'encolure, aig. n° 3, coloris Noir, tricoter 1 cm (4 rgs) en Point mousse en augmentant 2 x 1 m. à chaque extremité ts les 2 rgs.
À 2,5 cm de hauteur totale, arrêter les mailles souplement.
Coudre les manches autour des emmanchures, puis coudre les côtés et les dessous de manche en inversant la couture pour le revers en Point mousse col. Noir.

### REVERS POCHES

Monter 8 m. col. Noir, aig. n° 3, tricoter 6 rgs en Point mousse = 3 barres mousse. Mettre les mailles en attente sur un fil et coudre maille dans maille, le long des dernières diminutions de la basque au milieu de chaque devant.

**Bordure devant gauche :** Relever 27 m., crochet n° 3, en mailles serrées et arrêter.
**Bordure devant droit :** Relever 27 m., crochet n° 3, en m.s et faire un second rang ainsi : 1 m.c, 3 m.l, sauter 1 m., 6 m.c, 3 m.l, sauter 1 m., 6 m.c, 3 m.l, sauter 1 m., 11 m.c et arrêter.

### PANTALON

Se commence par une jambe.
Monter 19 m. aig. n° 3, col. Camel, tricoter 5 rgs en Côtes 1/1.
Continuer 6 rgs ainsi : 5 m. end., 9 m. en Côtes 1/1, 5 m. end.
Au 7e rg, tricoter ainsi : 4 m. end., 1 augm. intercalaire, 1 m. end., 9 m. en Côtes 1/1, 1 m. end., 1 augm. intercalaire, 4 m. end. On a 21 m.
Au 13e rg, tricoter ainsi : 5 m. end., 1 augm. inter., 1 m. end., 9 m. en Côtes 1/1, 1 m. end., 1 augm. interc., 5 m. end. On a 23 m.
Au 17e rg, tricoter ainsi : 1 m. end., 1 augm. inter., 5 m. end., 1 augm. inter., 1 m. end., 9 m. en Côtes 1/1, 1 m. end., 1 augm. inter., 5 m. end., 1 augm. inter., 1 m. end. On a 27 m.
Au 18e rg, tricoter ainsi : 1 m. env., 1 augm. inter., 10 m. end., 5 m. en Côtes 1/1, 10 m. end., 1 augm. inter., 1 m. env. On a 29 m.
Au 19e rg, tricoter ainsi : 13 m. end., 3 m. en Côtes 1/1, 13 m. end.
Au 21e rg, tricoter ainsi : 14 m. end., 1 augm. inter., 1 m. end., 1 augm. inter., 14 m. end. On a 31 m.
Continuer en Jersey.
À 10 cm de haut. tot., diminuer de chaque côté ts les 2 rgs : 1 X 2 m. et 1 x 1 m. On a 25 m.

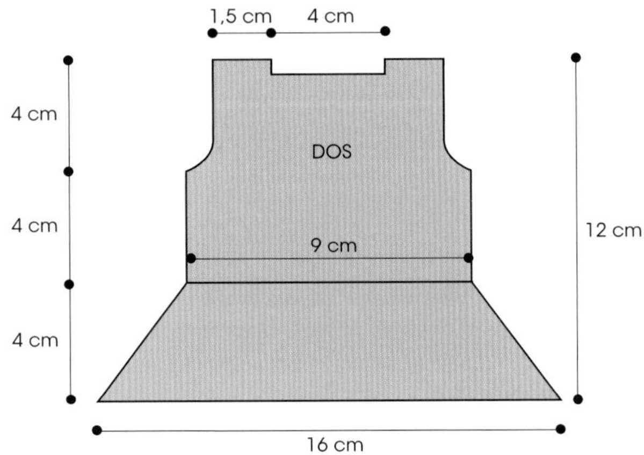


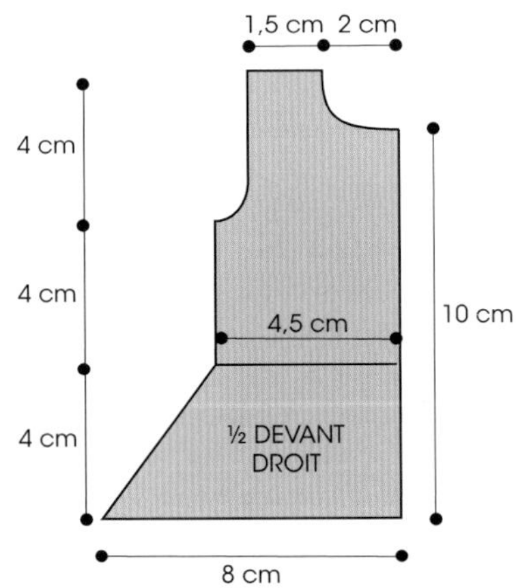

À 12 cm de haut. tot., tricoter les mailles ainsi : 10 m. end., 1 surjet simple, 1 m. end., 2 m. ens. à l'end., 10 m. end. Continuer en Jersey.
6 rgs plus haut : 9 m. end., 1 surjet simple, 1 m. end., 2 m. ens. à l'end., 9 m. end. Continuer en Jersey.
4 rgs plus haut : 8 m. end., 1 surjet simple, 1 m. end., 2 m. ens. à l'end., 8 m. end. Faire 1 rg envers puis continuer 4 rgs en Côtes 1/1 et arrêter. Tricoter une seconde jambe semblable.

**BOMBE**
Monter 56 m. aig. n° 3, col. Noir, tricoter 4 rgs en Point mousse = 2 barres mousse.
Tricoter 6 rgs en Jersey, aig. n° 3,5, puis continuer ainsi au 7e rg : 5 m. end., *1 surjet simple, 1 m. end., 2 m. ens. à l'end., 9 m. end.*, répéter de * à * 4 fois en tout et terminer par 4 m. end. Continuer en Jersey.
Au 11e rg : 4 m. end., *1 surjet simple, 1 m. end., 2 m. ens. à l'end., 7 m. end.*, répéter de * à * 4 fois en tout et terminer par 3 m. end. Continuer en Jersey.
Au 15e rg : 3 m. end., *1 surjet simple, 1 m. end., 2 m. ens. à l'end., 5 m. end.*, répéter de * à * 4 fois en tout et terminer par 2 m. end. Continuer en Jersey.
Au 17e rg : 2 m. end., *1 surjet simple, 1 m. end., 2 m. ens. à l'end., 3 m. end.*, répéter de * à * 4 fois en tout et terminer par 1 m. end. Continuer en Jersey.
Au 19e rg : 1 m. end., *1 surjet simple, 1 m. end., 2 m. ens. à l'end., 1 m. end.*, répéter de * à * 4 fois en tout et terminer par 1 m. end. Continuer en Jersey.
Au 20e rg : 1 m. end., *2 m. ens. à l'end.*, répéter de * à * sur tout le rg et passer un fil dans les mailles restantes.
**Visière :** Relever 20 m. au centre avec les aig. n° 3, col. Noir (en laissant 18 m. de chaque côté) sur le bord de la bombe. Tricoter au Point mousse en doublant les mailles sur le 1er rg. On a 40 m. Puis continuer en laissant 2 m. en attente à chaque fin de rang et en ne tricotant pas la 1re m. à chaque fois que vous commencez 1 rang.
Répéter 7 fois à chaque extremité. Lorsqu'il reste 12 m. au centre, tourner le tricot, tricoter les 12 m. puis les 14 m. en attente d'un côté, tourner et tricoter toutes les mailles soit 14 + 12 + 14 = 40 m. Au rang suivant, arrêter les mailles.

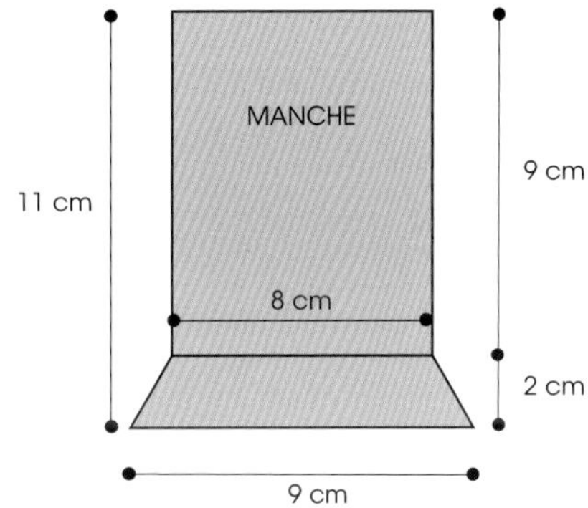


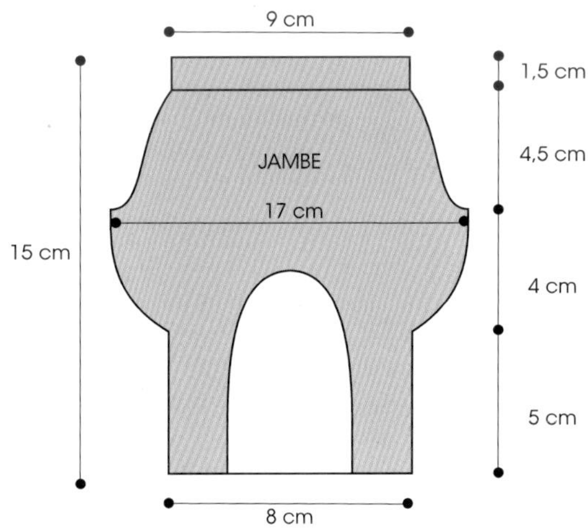

# 10

## MARIE À LA PLAGE

Débardeur, Jupe à volants, Short, Visière et Cabas en Jersey, Point mousse et Côtes 1/1. Qualité PHIL COTON 3

## 10 MARIE À LA PLAGE

**FOURNITURES**

Qualité PHIL COTON 3 (100 % coton) : coloris Rouge 1 pelote, coloris Clématite 1 pelote, coloris Vitamine 1 pelote, coloris Œillet 1 pelote • Aig. n° 3 • Crochet n° 3 • 3 boutons orange • Lastex

Taille unique

**POINTS**

- Jersey
- Point mousse
- Côtes 1/1
- Maille serrée (m.s)
- Maille en l'air (m.l)

**ÉCHANTILLON**

Aiguilles n° 3 PHIL COTON 3 en Jersey 10 cm = 26 m. et 35 rgs

**JUPE À VOLANTS**

Se tricote en un seul morceau.
Monter 90 m. aig. n° 3, coloris Rouge, tricoter 1 rg end. sur l'env. = 1 barre mousse, puis continuer en Jersey.
À 4 cm de hauteur totale, tricoter les m. ens. 2 par 2. On a 45 m.
Continuer en Jersey coloris Clématite.
À 6 cm de haut. tot., laisser les mailles en attente.
**Volant :** Monter 90 m. aig. n° 3, coloris Œillet, tricoter 1 rg end. sur l'env. = 1 barre mousse, puis continuer en Jersey.
À 3,5 cm de haut. tot., tricoter les m. ens. 2 par 2. On a 45 m.
Reprendre les mailles en attente et les mailles du volant et les tricoter ens. 2 par 2. Continuer 1 cm (4 rgs) en Côtes 1/1 coloris Clématite, puis arrêter les mailles.
Coudre un bouton à 1 bout de la ceinture et faire une bride de 3 m.l au crochet à l'autre extremité.

**DÉBARDEUR**

Monter 41 m. aig. n° 3, coloris Vitamine, tricoter 1 cm (3 rgs) en Côtes 1/1 puis continuer ainsi : 9 m. en Côtes 1/1, 19 m. Jersey, 9 m. en Côtes 1/1.
À 3 cm de hauteur totale, faire 2 boutonnières ainsi : tric. 3 m. en Côtes 1/1, 1 jeté, 2 m. ens., 4 m. en Côtes 1/1, 19 m. Jersey, 4 m. en Côtes 1/1, 2 m. ens, 1 jeté, 3 m. en Côtes 1/1.
À 3,5 cm de haut. tot., arrêter 13 m. de chaque côté et continuer sur les 15 m. centrales en Jersey.
À 6 cm de haut. tot., tric. 4 m. end, arrêter les 7 m. centrales et continuer sur les 4 m. de gauche. Tricoter 7 cm en Jersey et arrêter les 4 m. de la 1re bretelle. Reprendre les 4 m. de droite, tric. 7 cm en Jersey, puis arrêter les 4 m. de la 2e bretelle.
Faire une couture au milieu du dos.
**Bordure :** Avec le crochet n° 3, coloris Vitamine, faire 1 rg de m.s à partir du côté du devant droit, le long de la bretelle, de l'encolure, de l'autre bretelle et de l'autre côté du devant gauche.
Coudre un bouton sur chaque bretelle.

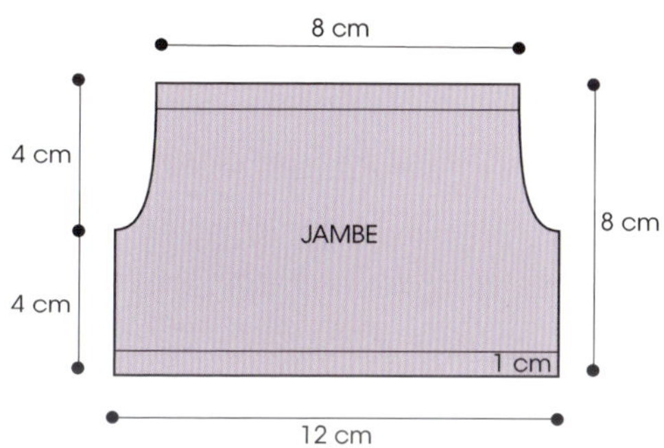


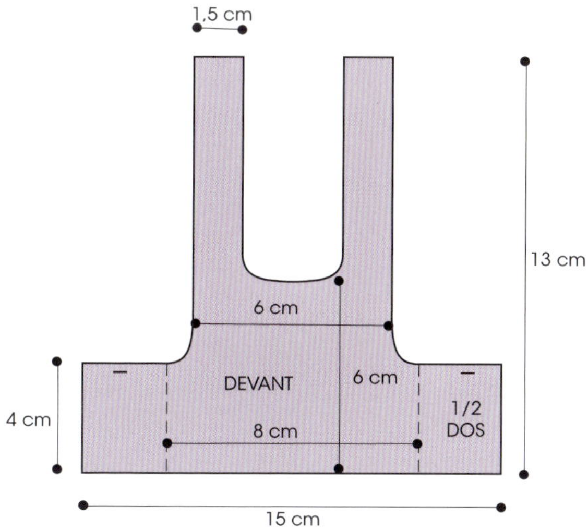


**SHORT**

Se commence par une jambe.

Monter 31 m. aig. n° 3, coloris Clématite, tricoter 1 cm (3 rgs) en Côtes 1/1.

Continuer en Jersey.

À 4 cm de hauteur totale, diminuer de chaque côté ts les 2 rgs : 2 x 2 m. On a 23 m.

Continuer tout droit.

À 7 cm de haut. tot., tricoter en Côtes 1/1.

À 8 cm de haut. tot., arrêter les mailles.

Tricoter une seconde jambe semblable.

Coudre les jambes et l'entrejambe. Passer du lastex à la ceinture si nécessaire.

**VISIÈRE**

Monter 75 m., aig. n° 3, coloris Rouge, tricoter 1,5 cm (5 rgs) en Côtes 1/1 puis arrêter 26 m. de chaque côté.

Continuer avec le coloris Œillet, sur les 23 m. centrales en Point mousse en doublant les mailles sur le 1er rg. On a 46 m.

Tric. en rangs raccourcis en laissant 2 m. en attente à la fin de chaque rang. Lorsqu'il reste 16 m., reprendre toutes les mailles et tricoter 2 rgs en Point mousse puis arrêter les mailles.

**SAC CABAS**

Monter 30 m. aig. n° 3, coloris Vitamine, tricoter 10 rgs en Point mousse = 5 barres mousse.

Continuer en diminuant de chaque côté ts les 2 rgs : 7 x 1 m. On a 16 m.

Continuer en augmentant de chaque côté ts les 2 rgs : 7 x 1 m. On a 30 m.

Tricoter 10 rgs tout droit et arrêter les mailles.

Plier en 2 et coudre de chaque côté.

**Anse :** Avec le crochet n° 3, coloris Œillet, faire une chaînette de 110 m., crocheter 1 rg de m.s et arrêter. Coudre autour du sac afin de former 2 anses.

# steffi la poupée mannequin

# 11

## CONCERT À LONDRES

Robe sans manches, Sac et Manchettes
en Jersey, Côtes 1/1 et au crochet.
Ceinture en chaîne dorée.
Qualités LAMBSWOOL et MYRIADE

# 12

## SHOPPING À PARIS

Robe, Veste tailleur et Sac en Jersey, Jacquard et Point mousse.
Qualités LAMBSWOOL et STRASS LIGHT

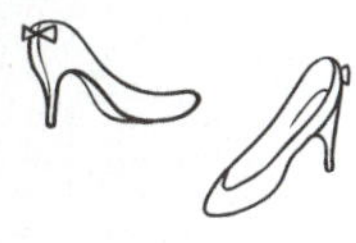

## 11 CONCERT À LONDRES

**FOURNITURES**

Qualité LAMBSWOOL (51 % laine d'agneau, 49 % acrylique) : coloris Rouge 1 pelote, coloris Noir 1 pelote • Qualité MYRIADE (65 % polyamide et 35 % polyester) : coloris Champagne 1 pelote • Aig. n° 2,5 et 3 • Crochet n° 3 • 25 cm de chaîne dorée • 1 bouton noir

Taille unique

**POINTS**

- Jersey
- Côtes 1/1
- Augmentation intercalaire : piquer l'aig. gauche sous le fil reliant la m. que l'on vient de tric. et la m. suivante. Dans la boucle formée, faire une m. end. en piquant l'aig. droite sous le brin arrière de la boucle.
- Surjet simple : glisser 1 m. sans la tricoter, tricoter la m. suivante et passer la m. glissée sur la m. tricotée.
- Maille serrée (m.s)
- Maille en l'air (m.l)

**ÉCHANTILLON**

Aiguilles n° 3 LAMBSWOOL en Jersey 10 cm = 26 m. et 35 rgs

**ROBE**

Se tricote en un seul morceau et se commence par le bas. Monter 39 m. aig. n° 2,5, coloris Rouge, tricoter 5 rgs en Côtes 1/1. Continuer en Jersey aig. n° 3.
À 7 cm de hauteur totale, commencer les diminutions ainsi : 9 m. end., 2 m. ens. à l'end., 1 surjet simple, 13 m. end., 2 m. ens. à l'end., 1 surjet simple, 9 m. end. On a 35 m.
2 rgs plus haut : 8 m. end., 2 m. ens. à l'end., 1 surjet simple, 11 m. end., 2 m. ens. à l'end., 1 surjet simple, 8 m. end. On a 31 m.
2 rgs plus haut : 7 m. end., 2 m. ens. à l'end., 1 surjet simple, 9 m. end., 2 m. ens. à l'end., 1 surjet simple, 7 m. end. On a 27 m.
2 rgs plus haut : 6 m. end., 2 m. ens. à l'end., 1 surjet simple, 7 m. end., 2 m. ens. à l'end., 1 surjet simple, 6 m. end. On a 23 m.
4 rgs plus haut, commencer les augmentations ainsi : 6 m. end., 1 augmentation intercalaire, 2 m. end., 1 augm. inter., 7 m. end., 1 augm. inter., 2 m. end., 1 augm. inter., 6 m. end. On a 27 m.

ROBE

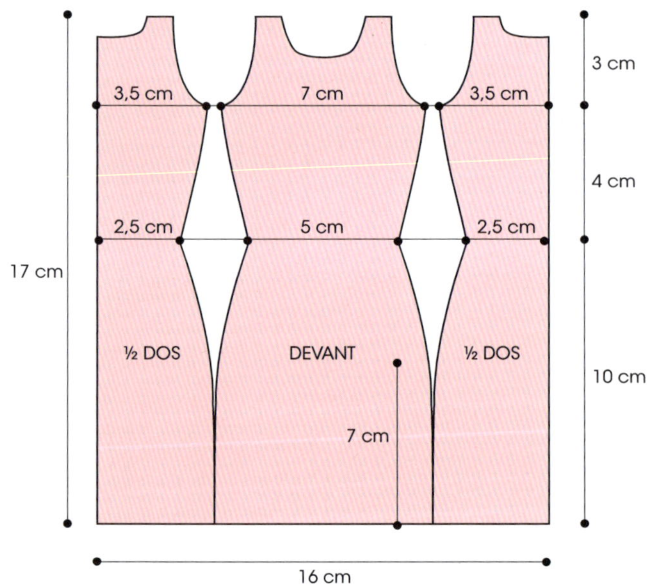

2 rgs plus haut : 7 m. end., 1 augm. inter., 2 m. end., 1 augm. inter., 9 m. end., 1 augm. inter., 2 m. end., 1 augm. inter., 7 m. end. On a 31 m.
2 rgs plus haut : 8 m. end., 1 augm. inter., 2 m. end., 1 augm. inter., 11 m. end., 1 augm. inter., 2 m. end., 1 augm. inter., 8 m. end. On a 35 m.
2 rgs plus haut : 9 m. end., 1 augm. inter., 2 m. end., 1 augm. inter., 13 m. end., 1 augm. inter., 2 m. end., 1 augm. inter., 9 m. end. On a 39 m.
2 rgs plus haut, commencer les emmmanchures ainsi en séparant le travail en 3 et en mettant les 28 dernières mailles en attente :
sur les 11 premières mailles (demi-dos) : 8 m. end., 2 m. ens. à l'end., 1 m. end.
2 rgs plus haut : 7 m. end., 2 m. ens. à l'end., 1 m. end.
2 rgs plus haut : 6 m. end., 2 m. ens. à l'end., 1 m. end.
4 rgs plus haut, mettre les 8 m. en attente.
Reprendre les 17 m. centrales (devant) :
1 m. end., 1 surjet simple, 11 m. end, 2 m. ens. à l'end, 1 m. end.
2 rgs plus haut : 1 m. end., 1 surjet simple, 9 m. end, 2 m. ens. à l'end, 1 m. end.
2 rgs plus haut : 1 m. end., 1 surjet simple, 7 m. end, 2 m. ens. à l'end, 1 m. end.
4 rgs plus haut, mettre les 11 m. en attente.
Reprendre les 11 m. du second demi-dos et faire comme le premier demi-dos.

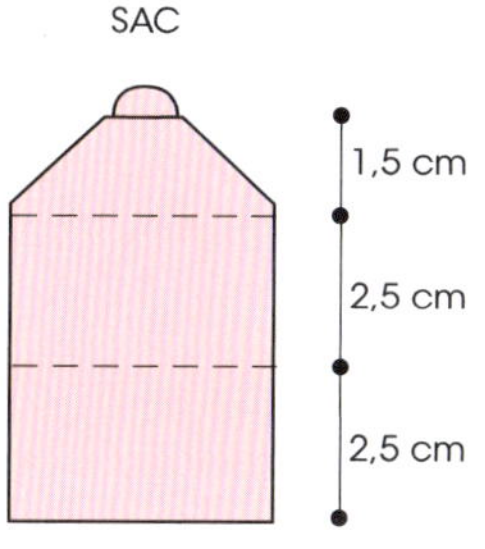

Reprendre ensuite toutes les mailles et tricoter en Côtes 1/1, aig. n° 2,5, pendant 14 rgs.
Arrêter les mailles souplement.
Coudre l'arrière de la robe par une couture fine en inversant la couture en haut du col roulé.

**MANCHETTES**

Monter 13 m. aig. n° 2,5, coloris Noir, tricoter 7 cm (22 rgs) en Jersey. Arrêter les mailles.
Tricoter une seconde manchette semblable.

**SAC**

Monter 11 m. crochet n° 3, coloris Champagne, crocheter en mailles serrées.
À 5 cm de hauteur totale, diminuer 1 m. de chaque côté ts les rgs jusqu'à ce qu'il reste 5 m.
Faire 5 m.l pour la boutonnière et fermer au bout.
Plier le sac en suivant le schéma et coudre les 2 côtés.
Coudre un bouton noir.

## 12 SHOPPING À PARIS

**FOURNITURES**

Qualité LAMBSWOOL (51 % laine d'agneau, 49 % acrylique) : coloris Blanc 1 pelote, coloris Noir 1 pelote • Qualité STRASS LIGHT (55 % polyester et 45 % laine) : coloris Violine 1 pelote • Aig. n° 2,5 et 3 • Crochet n° 2,5 • 2 boutons noirs • 1 bouton pression

Taille unique

**POINTS**

- Jersey
- Point mousse
- Côtes 1/1
- Jacquard : suivre la grille.
- Maille serrée (m.s), maille coulée (m.c), maille en l'air (m.l)

**ÉCHANTILLON**

Aiguilles n° 3 en Jersey 10 cm = 26 m. et 35 rgs

**ROBE**

**DOS**

Se commence par le bas. Monter 19 m. aig. n° 2,5, coloris Noir, tricoter 3 rgs en Côtes 1/1. Continuer 22 rgs en Jersey, aig. n° 3. À 7 cm de hauteur totale, diminuer de chaque côté ts les 4 rgs : 3 x 1 m. On a 13 m.

À 10 cm de haut. tot., augmenter de chaque côté ts les 4 rgs : 2 x 1 m. On a 17 m.

À 12 cm de haut. tot., tricoter 6 rgs en Jersey col. Violine puis continuer col. Blanc en séparant le travail en 2 (ouverture dos) en diminuant la m. centrale.

Continuer sur les 8 m. de gauche.

À 14 cm de haut. tot., augmenter 5 m. côté gauche pour la manche. On a 13 m.

À 16,5 cm de haut. tot., arrêter les 5 m. côté encolure.

À 17,5 cm de haut tot., arrêter les 8 m. restantes.

Reprendre les 8 m. de droite, et faire le second côté en vis-à-vis.

**DEVANT**

Monter 19 m. aig. n° 2,5, coloris Noir, tricoter 3 rgs en Côtes 1/1. Continuer 22 rgs en Jersey, aig. n° 3.

À 7 cm de hauteur totale, diminuer de chaque côté ts les 4 rgs : 3 x 1 m. On a 13 m.

À 10 cm de haut. tot., augmenter de chaque côté ts les 4 rgs : 2 x 1 m. On a 17 m.

À 12 cm de haut. tot., tricoter 6 rgs en Jersey col. Violine, puis continuer col. Blanc.

À 14 cm de haut. tot., augmenter 5 m. de chaque côté pour les manches. On a 27 m.

À 15,5 cm de haut. tot., arrêter les 5 m. centrales et continuer chaque côté séparément en diminuant ts les 2 rgs côté encolure : 1 x 2 m., 1 x 1 m.

À 17,5 cm de haut tot., arrêter les 8 m. restantes.

Reprendre les m. de droite, et faire le second côté en vis-à-vis.

Coudre les côtés de la robe par une couture fine ainsi que les dessous de manches et les épaules.

**Bordure encolure :** Relever 39 m. autour de l'encolure aig. n° 2,5, coloris Blanc, tricoter 2 rgs en Côtes 1/1 et arrêter les mailles.

**Bordure dos :** Faire 1 rg de m.s, coloris Blanc, crochet n° 2,5, autour de l'ouverture dos. Coudre un bouton pression.

**NŒUD**

Monter 13 m. aig. n° 3, coloris Violine, tricoter 7 rgs en Jersey. Arrêter les mailles. Resserrer au centre en entourant le fil pour former le nœud. Coudre au centre de la robe sur la rayure Violine.

**SAC**

Monter 10 m. aig. n° 3, coloris Violine, tricoter en Point mousse en augmentant de chaque côté ts les 2 rgs : 4 x 1 m. On a 18 m. Continuer tout droit. À 5 cm de hauteur totale, tricoter en diminuant de chaque côté ts les 2 rgs : 4 x 1 m. On a 10 m. À 9 cm de haut. tot., augmenter 1 x 1 m. de chaque côté. On a 12 m.

À 11 cm de haut. tot., arrêter les mailles. Crocheter 1 rg de m.c en haut avec 3 m.l au centre pour la boutonnière.
Plier le sac en suivant le patron et coudre.
Faire une chaînette de 20 m. col. Noir, crochet n° 2,5, pour l'anse. Coudre de chaque côté. Coudre le bouton.

**VESTE**

**DOS**

Monter 23 m. aig. n° 3, coloris Noir, tricoter 1 rg end. sur l'env. puis 1 rg end. sur end. Continuer en Jacquard en suivant la grille. À 8 cm de hauteur totale, arrêter les 9 m. centrales et continuer chaque épaule séparément sur 7 m. pendant 3 rgs puis arrêter les mailles. Faire de même pour la seconde épaule.

**DEMI-DEVANT DROIT**

Monter 13 m. aig. n° 3, coloris Noir, tricoter 1 rg end. sur l'env. puis 1 rg end. sur end.
Continuer en Jacquard en suivant la grille et en tricotant la 1re m. toujours en Noir.
À 7 cm de hauteur totale, arrêter 1 x 4 m. côté encolure puis 2 rgs plus haut : 1 x 1 m. et continuer sur les 7 m. d'épaule pendant 2 rgs. À 9 cm de haut. tot., arrêter les m.
Tricoter le demi-devant gauche en vis-à-vis.

**MANCHE**

Monter 17 m. aig. n° 3, coloris Noir, tricoter 1 rg end. sur l'env. puis 1 rg end. sur end. Continuer en Jacquard en suivant la grille. À 8 cm de haut. tot., arrêter les m. Tricoter la seconde manche semblable. Coudre les manches autour des emmanchures, puis les côtés et les dessous de manches.

**Bordures devant :** Relever 22 m. le long des bordures devant coloris Noir, aig. n° 2,5, et tricoter 1 rg end. sur envers puis arrêter les mailles.

**Bordure encolure :** Relever 40 m. autour de l'encolure coloris Noir, aig. n° 2,5, et tricoter 1 rg end. sur envers puis arrêter les mailles. Faire 1 boutonnière au crochet de 3 m.l d'un côté. Coudre 1 bouton noir de l'autre côté.

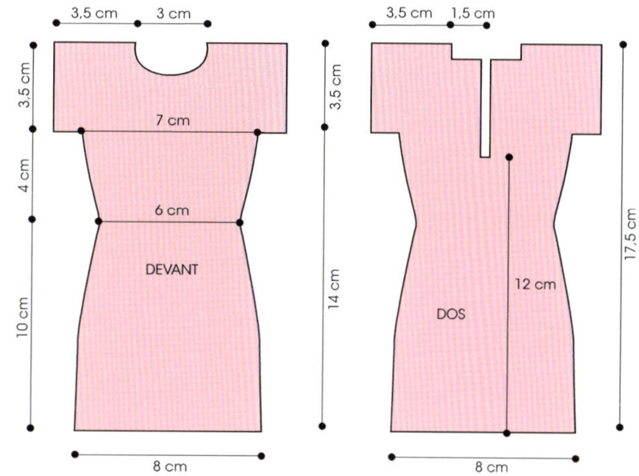


SAC

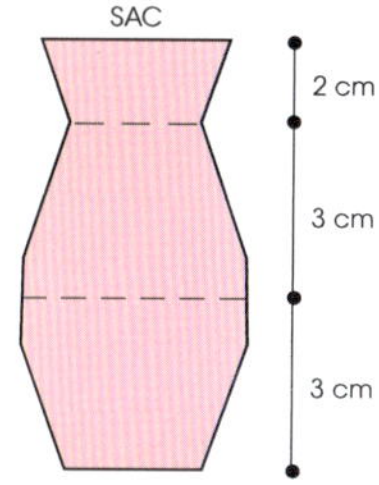

VESTE

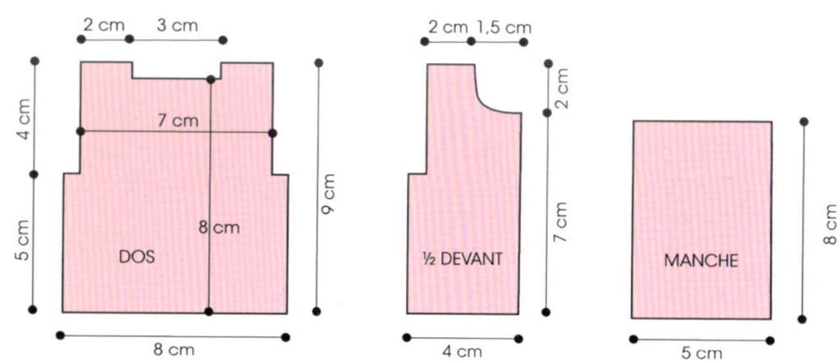


JACQUARD VESTE

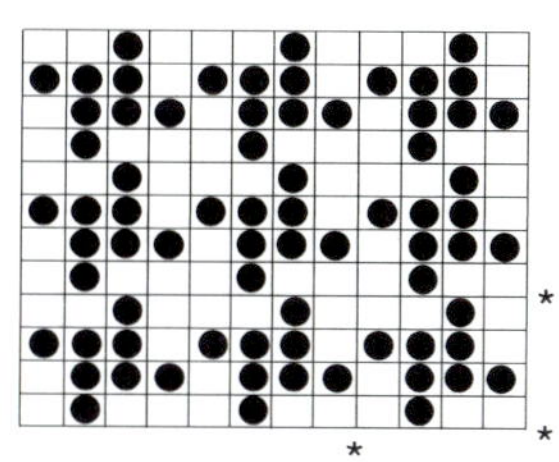

Répéter de * à * ces 4 m. et ces 4 rangs

☐ coloris Blanc

● coloris Noir

13

## JOGGING À LOS ANGELES

**Blouson à capuche, Pantalon, Bandeau et Sac polochon en Jersey et Côtes 1/1. Qualités IMPACT et PARTNER 3,5**

# 14

## SOIRÉE À NEW YORK

Robe fourreau, Cape à capuche, Manchettes et Sac en Jersey, en Point mousse et au crochet.
Qualités MYRIADE et PHIL DOUCE

## 13 JOGGING À LOS ANGELES

**FOURNITURES**

Qualité IMPACT (100 % acrylique) : coloris Jaune fluo (ou LAMBSWOOL Anis) 1 pelote, coloris Rose fluo (ou PARTNER 3,5 Grenadine) 1 pelote • Qualité PARTNER 3,5 (50 % polyamide, 25 % acrylique, 25 % laine peignée) : coloris Acier 1 pelote • Aig. n° 3 et 3,5 • Crochet n° 3 • 3 boutons pression

Taille unique

**POINTS**

- Jersey
- Point mousse
- Côtes 1/1
- Maille serrée (m.s)
- Maille en l'air (m.l) = chaînette

**ÉCHANTILLON**

Aiguilles n° 3,5 IMPACT en Jersey 10 cm = 23 m. et 30 rgs

**BLOUSON**

**DOS**

Monter 21 m. aig. n° 3, coloris Jaune fluo, tricoter en Côtes 1/1 : 2 rgs Jaune fluo, 2 rgs Rose fluo, 2 rgs Jaune fluo.
Continuer en Jersey coloris Acier en augmentant 4 m. sur le 1er rg. On a 25 m.
À 5,5 cm de hauteur totale, diminuer de chaque côté ts les 2 rgs : 1 x 2 m., 1 x 1 m. On a 19 m.
À 8 cm, arrêter les 7 m. centrales et continuer sur les 6 m. d'épaule séparément pendant 3 rgs, puis arrêter.

**DEMI-DEVANT DROIT**

Monter 13 m. aig. n° 3, coloris Jaune fluo, tricoter en Côtes 1/1 : 2 rgs Jaune fluo, 2 rgs Rose fluo, 2 rgs Jaune fluo.
Continuer en Jersey coloris Acier en augmentant 1 m. sur le 1er rg. On a 14 m.
À 5,5 cm de hauteur totale, diminuer côté emmanchure ts les 2 rgs : 1 x 2 m., 1 x 1 m. On a 11 m.
À 7 cm, arrêter côté encolure ts les 2 rgs : 1 x 4 m., 1 x 1 m. et continuer sur les 6 m. d'épaule pendant 3 rgs, puis arrêter.
Tricoter le demi-devant gauche en vis-à-vis.

**MANCHE**

Monter 15 m. aig. n° 3, coloris Jaune fluo, tricoter en Côtes 1/1 : 2 rgs Jaune fluo, 2 rgs Rose fluo, 2 rgs Jaune fluo.
Tricoter 10 rgs en Jersey coloris Acier en augmentant 1 m. à chaque extrémité sur le 1er rg.
On a 17 m. Continuer par 2 rgs Jaune fluo, 2 rgs Rose fluo, 2 rgs Jaune fluo.
Poursuivre col. Acier pendant 4 rgs puis diminuer de chaque côté ts les 2 rgs : 1 x 2 m., 1 x 1 m.
À 9,5 cm de hauteur totale, arrêter les 11 m. restantes.
Tricoter la seconde manche semblable.

**CAPUCHE**

Monter 33 m. aig. n° 3, coloris Rose fluo, tricoter 3 rgs en Côtes 1/1. Continuer en Jersey, aig. n° 3,5, coloris Jaune fluo.
À 5,5 cm de hauteur totale, diminuer 10 m. de chaque côté.
À 6 cm de haut. tot., arrêter les 13 m. restantes.
Coudre les épaules.
Coudre les manches autour des emmanchures, puis coudre les côtés et les dessous de manche.
**Bordures devant :** Relever 18 m. aig. n° 3, coloris Acier, 1 rg end. sur l'env. et arrêter les mailles.
Faire de même pour la seconde bordure. Coudre les 3 boutons pression.
Plier la capuche en 2 et faire la couture du fond. Coudre la capuche autour de l'encolure en commençant après la finition mousse des bordures devant.

BLOUSON

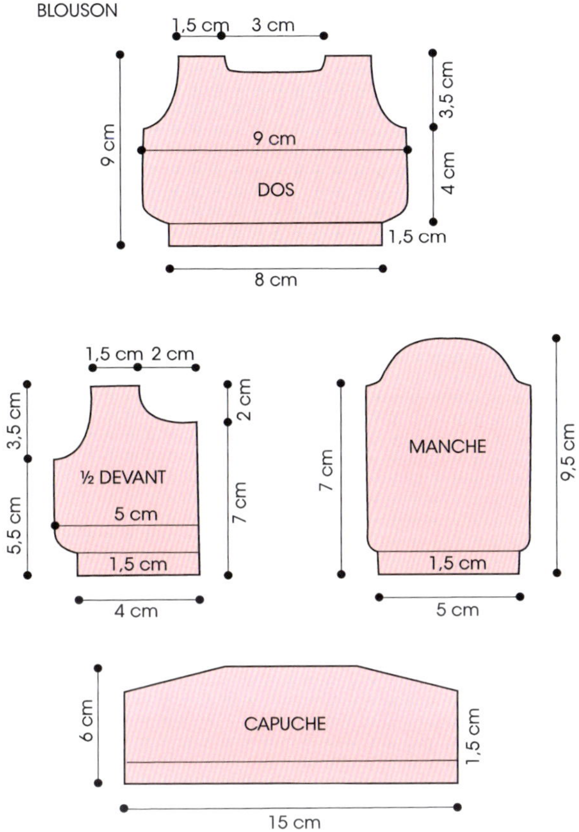


PANTALON

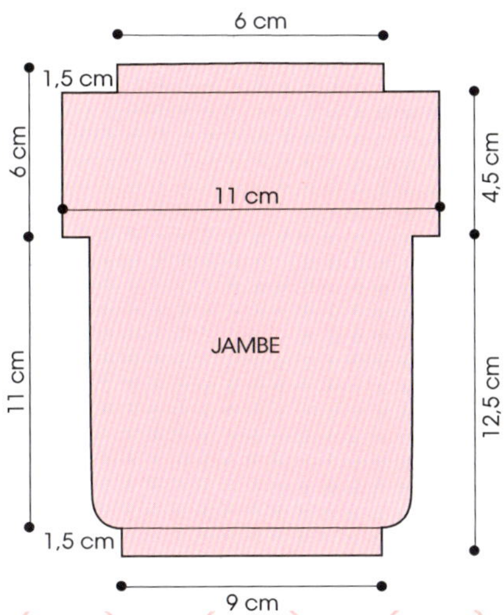

**PANTALON**

Se commence par une jambe.
Monter 15 m. aig. n° 3, coloris Jaune fluo, tricoter en Côtes 1/1 : 2 rgs Jaune fluo, 2 rgs Rose fluo, 2 rgs Jaune fluo.
Continuer en Jersey aig. n° 3,5, coloris Jaune fluo.
À 12,5 cm de hauteur totale, augmenter 2 m. de chaque côté. On a 19 m.
À 17 cm de haut. tot., continuer en Côtes 1/1, aig. n° 3, col. Rose fluo.
À 18,5 cm de haut. tot., arrêter les mailles.
Tricoter la seconde jambe semblable.
Broder 3 bandes d'1 m. séparées d'1 m. au Point de maille, col. Acier, au centre de chaque jambe.
Assembler les 2 jambes par les coutures d'entrejambe et de côtés. Passer du lastex dans les côtes si besoin.

**BANDEAU**

Monter 31 m. aig. n° 3, coloris Rose fluo, tricoter 5 rgs en Côtes 1/1, puis arrêter.

**SAC**

Monter 24 m. aig. n° 3,5, coloris Acier, tricoter 30 rgs en Jersey, puis tric. les m. ensemble 2 par 2 = 12 m. et encore une fois les m. ens. 2 par 2 au rang suivant = 6 m.
Passer un fil dans les mailles et serrer. Passer un fil 1 m. sur 2 à l'autre bout et serrer.
Coudre chaque extrémité sur 2,5 cm. Faire 1 rg de m.s, coloris Rose fluo, crochet n° 3, autour de l'ouverture.
**Anse :** Faire une chaînette de 90 m. coloris Jaune fluo, crochet n° 3, et crocheter 1 rg de m.s. Coudre l'anse autour du sac polochon en faisant 2 poignées.

# 14 SOIRÉE À NEW YORK

**FOURNITURES**

Qualité MYRIADE (65 % polyamide et 35 % polyester) : coloris Nocturne 1 pelote, coloris Argent 1 pelote • Qualité PHIL DOUCE (100 % polyester) : coloris Ultraviolet 1 pelote • Aig. n° 2,5, 3 et 4,5 • Crochet n° 2,5 • Perles blanches • Lastex transparent ou noir

Taille unique

**POINTS**

- Jersey
- Point mousse
- Maille serrée (m.s)
- Maille en l'air (m.l)

**ÉCHANTILLONS**

Aiguilles n° 3 MYRIADE en Jersey 10 cm = 32 m. et 38 rgs
Aiguilles n° 4,5 PHIL DOUCE en Jersey 10 cm = 15 m. et 24 rgs

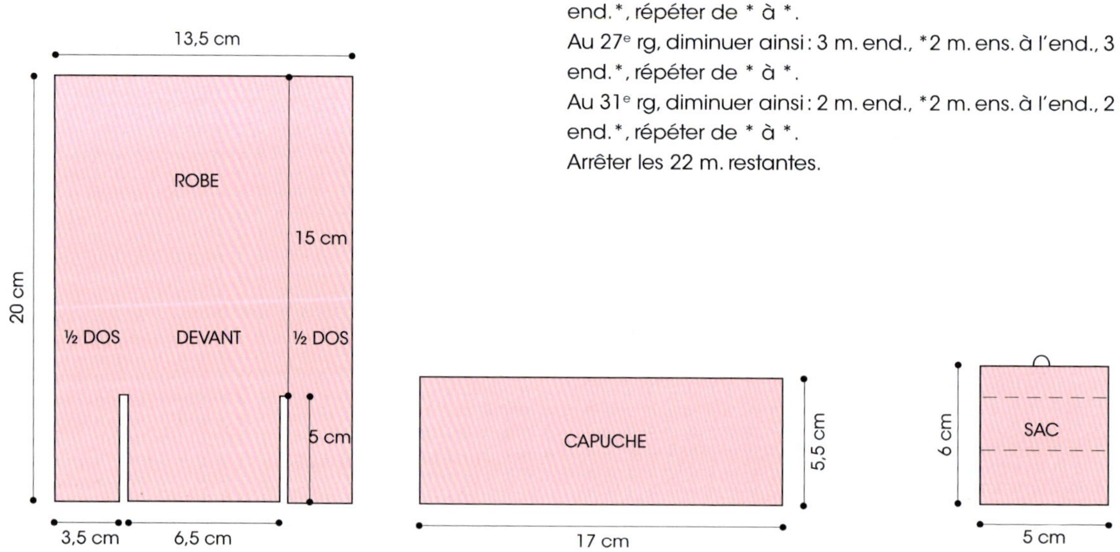


**ROBE**

Se tricote en un seul morceau et se commence par le haut.
Monter 38 m. aig. n° 3, coloris Nocturne, tricoter 1 rg end. sur l'env. Continuer en Jersey.
À 15 cm de hauteur totale, tricoter sur les 10 premières mailles (demi-dos) en laissant en attente les 28 m. suivantes. Tricoter en Jersey pendant 16 rgs. Faire 1 rg end. sur l'env. et arrêter les mailles. Reprendre les 18 m. centrales (devant) et tricoter 16 rgs, faire 1 rg end. sur l'env. et arrêter les mailles. Reprendre les 10 dernières mailles et faire de même.
Coudre l'arrière de la robe.
Passer un fil de lastex au milieu du devant en fonçant un peu pour marquer la poitrine. Coudre de petites perles en bordure.

**CAPE**

Monter 35 m. aig. n° 4,5, coloris Ultraviolet, tricoter 1 rg end. sur l'env. et continuer en Jersey.
Au 11e rg, diminuer ainsi : 6 m. end., *2 m. ens. à l'end., 5 m. end.*, répéter de * à *.
Au 21e rg, diminuer ainsi : 5 m. end., *2 m. ens. à l'end., 4 m. end.*, répéter de * à *.
Au 27e rg, diminuer ainsi : 3 m. end., *2 m. ens. à l'end., 3 m. end.*, répéter de * à *.
Au 31e rg, diminuer ainsi : 2 m. end., *2 m. ens. à l'end., 2 m. end.*, répéter de * à *.
Arrêter les 22 m. restantes.

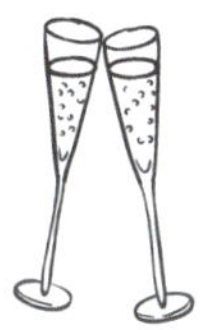

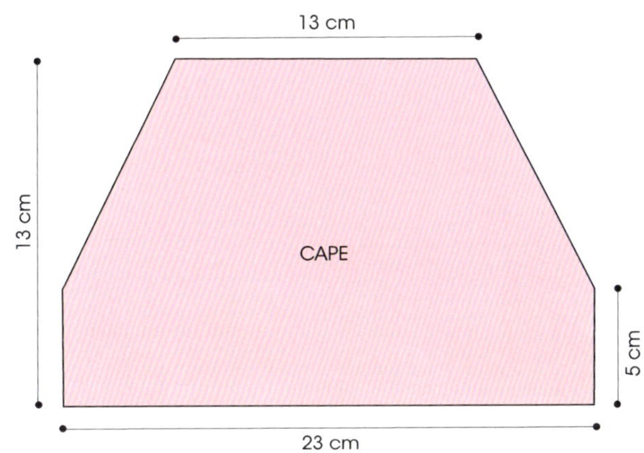


**CAPUCHE**

Monter 26 m. aig. n° 4,5, coloris Ultraviolet, tricoter 1 rg end. sur l'env. et continuer en Jersey.
À 5,5 cm de hauteur totale, arrêter les mailles.
Plier la capuche en 2 et coudre le fond. Assembler la capuche autour de l'encolure.
Crocheter un cordon en chaînette col. Argent, crochet n° 2,5 de 80 m. (fil en double).
Passer le cordon à la jonction de la capuche et de la cape, nouer devant.

**MANCHETTES**

Monter 13 m. aig. n° 2,5, coloris Argent, tricoter 7 cm (25 rgs) en Jersey. Arrêter les mailles.
Tricoter une seconde manchette semblable.

**SAC**

Monter 13 m. crochet n° 2,5, coloris Argent, crocheter en mailles serrées. À 6 cm de hauteur totale, terminer par 6 m.s, 3 m.l, sauter 1 m. et 6 m.s. Plier le sac en suivant le schéma.
Crocheter une chaînette de 35 m. avec 2 fils et fixer de chaque côté du sac. Coudre 1 perle en guise de bouton.

15

## WEEK-END À SAINT-PÉTERSBOURG

Manteau à capuche, Pull col roulé,
Pantacourt et Écharpe en Jersey,
Côtes 2/2 et torsades.
Qualités PHIL DOUCE et PARTNER 3,5

## 15 WEEK-END À SAINT-PÉTERSBOURG

### FOURNITURES

Qualité PARTNER 3,5 (50 % polyamide, 25 % acrylique, 25 % laine peignée) coloris Bengale : 1 pelote, coloris Curry 1 pelote • Qualité PHIL DOUCE (100 % polyester) : coloris Choco 1 pelote • Aig. n° 3, 3,5 et 4,5 • 1 aig. à torsade • 3 boutons • Lastex

Taille unique

### POINTS

- Jersey
- Côtes 2/2
- Torsades 1/2 (voir grille) :

R1 : à l'endroit.
R2, R4 : à l'envers.
R3 : glisser 1 m. sur une aig. à torsade placée devant, tricoter les 2 m. suiv. à l'endroit puis les 2 m. de l'aig. à torsade.
Répéter ces 4 rgs.

### ÉCHANTILLONS

Aiguilles n° 3,5 PARTNER 3,5 en Jersey 10 cm = 24 m. et 30 rgs
Aiguilles n° 4,5 PHIL DOUCE en Jersey 10 cm = 15 m. et 24 rgs

### PULL

### DOS

Monter 22 m. aig. n° 3, coloris Curry, tricoter 1 cm (4 rgs) en Côtes 2/2.
Continuer avec les aig. n° 3,5 en Jersey en diminuant 1 m. au centre sur le 1er rg. On a 21 m.
À 7 cm de hauteur totale, diminuer de chaque côté pour les emmanchures ts les 2 rgs : 1 x 2 m., 1 x 1 m. On obtient 15 m.
À 10 cm de haut. tot., arrêter les 5 m. centrales et continuer chaque épaule séparément sur 5 m. pendant 3 rgs puis arrêter les mailles.
Faire de même pour la seconde épaule.

### DEVANT

Monter 22 m. aig. n° 3, coloris Curry, tricoter 1 cm (4 rgs) en Côtes 2/2.
Continuer avec les aig. n° 3,5 en Jersey et Torsades 1/2 (en suivant la grille), en diminuant 1 m. au centre sur le 1er rg. et en répartissant les mailles ainsi : 3 m. end., 2 m. env., 3 m. end. Torsade, 1 m. env., 3 m. end. T., 1 m. env., 3 m. end. T., 2 m. env., 3 m. end. On a 21 m.
À 7 cm de hauteur totale, diminuer de chaque côté pour les emmanchures ts les 2 rgs : 1 x 2 m. On obtient 17 m.
À 9 cm de haut. tot., arrêter les 3 m. centrales et continuer chaque côté séparément en diminuant ts les 2 rgs côté encolure : 2 x 1 m.
À 11 cm de haut. tot., arrêter les 5 m. restantes. Faire le second côté en vis-à-vis.

### MANCHE

Monter 14 m. aig. n° 3, coloris Curry, tricoter 1 cm (4 rgs) en Côtes 2/2.
Continuer avec les aig. n° 3,5 en Jersey.
À 7 cm de hauteur totale, diminuer de chaque côté ts les 2 rgs : 1 x 2 m., 1 x 1 m.
À 8,5 cm de haut. tot., arrêter les 8 m. restantes.
Tricoter la seconde manche semblable.
Coudre les épaules.

### COL

Relever 30 m. autour de l'encolure, aig. n° 3, coloris Curry, tricoter 4 cm (13 rgs) en Côtes 2/2 et arrêter les mailles souplement.
Coudre en inversant la couture à la moitié pour le revers.
Assembler les manches autour des emmanchures, puis coudre les côtés et les dessous de manche.

PULL

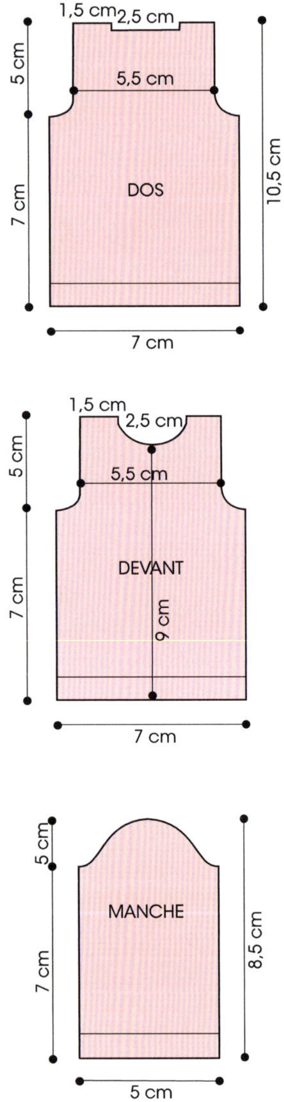

**PANTALON**

Se commence par une jambe.

Monter 22 m. aig. n° 3, coloris Bengale, tricoter 1 cm (4 rgs) en Côtes 2/2.

Continuer avec les aig. n° 3,5 en Jersey.

À 11,5 cm de hauteur totale, former l'entrejambe en diminuant de chaque côté ts les 2 rgs : 2 x 2 m. On obtient 14 m.

À 15 cm de haut. tot., continuer en Côtes 2/2 aig. n° 3 pendant 1,5 cm (5 rgs).

À 16,5 cm de haut. tot., arrêter les mailles.

Tricoter la seconde jambe.

Assembler les 2 jambes par les coutures d'entrejambe.

Passer du lastex dans les côtes.

**ÉCHARPE**

Monter 11 m. aig. n° 3,5, coloris Curry, tricoter en Torsades 1/2 en répartissant les m. ainsi :

2 m. env., 3 m. end. Torsade, 1 m. env. , 3 m. end. T , 2 m. env.

À 30 cm de hauteur totale, arrêter les mailles.

Faire 5 franges de 2 brins à chaque extremité.

**MANTEAU**

Se tricote en un seul morceau et se commence par le dos.

Monter 16 m. aig. n° 4,5, coloris Choco, tricoter 1 rg end. sur l'env. et continuer en Jersey en diminuant de chaque côté ts les 6 rgs = 2 x 1 m. On a 12 m.

À 10 cm de hauteur totale, augmenter 12 m. (manches) de chaque côté. On obtient 36 m.

À 13 cm de haut. tot., tricoter les 15 premières m., arrêter les 6 m. centrales et continuer sur les 15 m. suivantes.

À 14 cm de haut. tot., augmenter côté central ts les 2 rgs : 1 x 2 m., 1 x 4 m. On a 21 m.

À 18 cm de haut. tot., arrêter les 12 m. de la manche et continuer sur les 9 m. restantes en augmentant côté extérieur : 2 x 1 m. ts les 6 rgs.

À 28 cm de haut. tot., arrêter les 11 m.

Faire le second demi-devant en vis-à-vis.

**CAPUCHE**

Monter 25 m. aig. n° 4,5, coloris Choco, tricoter 1 rg end. sur l'env. et continuer en Jersey.
À 5 cm de hauteur totale, diminuer 6 m. de chaque côté.
À 6 cm de haut. tot., arrêter les 13 m. restantes.
Faire les coutures des côtés et des dessous de manches.
Plier la capuche en 2 et coudre le fond. Assembler la capuche autour de l'encolure.
Coudre les boutons et boutonner dans les trous du tricot.

PANTALON

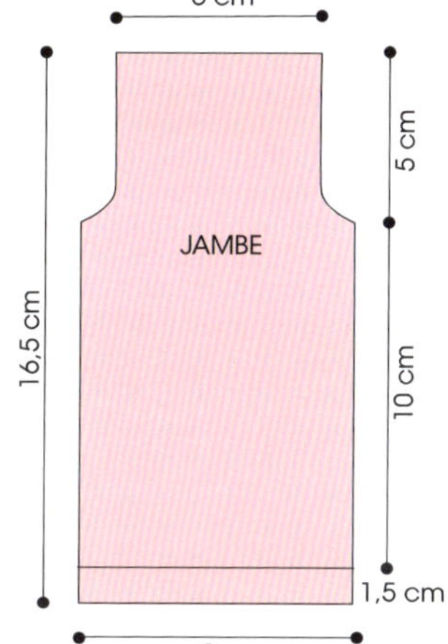


DEVANT PULL

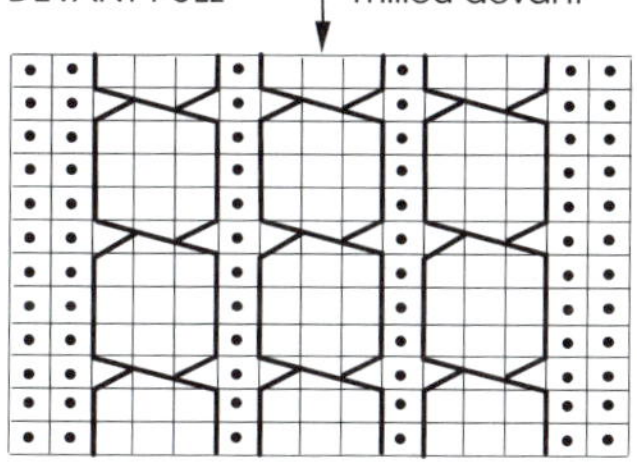


☐ m. endroit
⊡ m. envers
1 m. croisée à gauche

MANTEAU

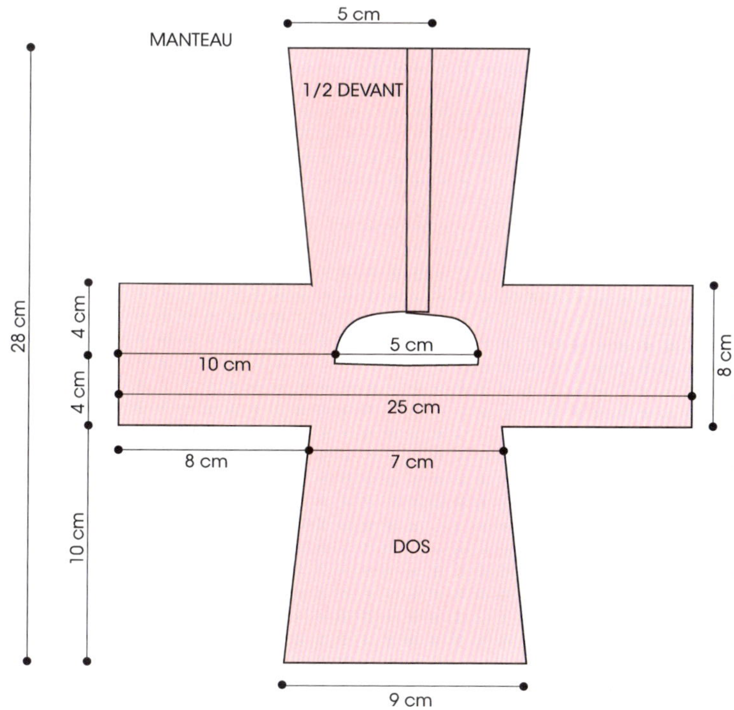

# 16

## STEFFI FAIT DU SKI

Pull col roulé, Fuseau, Écharpe et Bonnet en Jersey, Point de riz, frises Jacquard et Côtes 1/1. Qualité LAMBSWOOL

## 16 STEFFI FAIT DU SKI

**FOURNITURES**

Qualité LAMBSWOOL (51 % laine d'agneau, 49 % acrylique) : coloris Écru 1 pelote, coloris Vésuve 1 pelote, coloris Rouge 1 pelote • Aig. n° 2,5 et 3 • Crochet n° 2,5 • 2 boutons rouges • 5 pompons écrus • Lastex

Taille unique

**POINTS**

- Jersey
- Jacquard : suivre la grille.
- Côtes 1/1
- Point de riz : nombre de m. impair

R1 : *1 m. end., 1 m. env.*, répéter de * à * et terminer par 1 m. end.

R2 : *1 m. end., 1 m. env.*, répéter de * à * et terminer par 1 m. end.

Répéter toujours ces 2 rgs. On contrarie donc les m. à chaque rang.

- Maille serrée (m.s)
- Maille en l'air (m.l)

**ÉCHANTILLON**

Aiguilles n° 3 LAMBSWOOL en Jersey 10 cm = 26 m. et 35 rgs

**PULL**

**DEVANT**

Monter 25 m. aig. n° 3, coloris Écru, tricoter 4 rgs en Point de riz. Continuer en Jacquard en suivant la grille en diminuant ts les 6 rgs à partir du 11e rg : 4 x 1 m. puis en augmentant 1 x 1 m. Après les 20 rgs de Jacquard, continuer en Point de riz. On a 19 m.

Simultanément à 9 cm de hauteur totale, séparer le travail en 2 en diminuant la m. centrale.

Continuer chaque côté séparément sur les 9 m. de demi-devant.

À 12,5 cm, arrêter les 4 m. côté encolure et continuer sur les 5 m. d'épaule pendant 4 rgs.

Reprendre les 9 m. de l'autre demi-devant et faire de même en vis-à-vis.

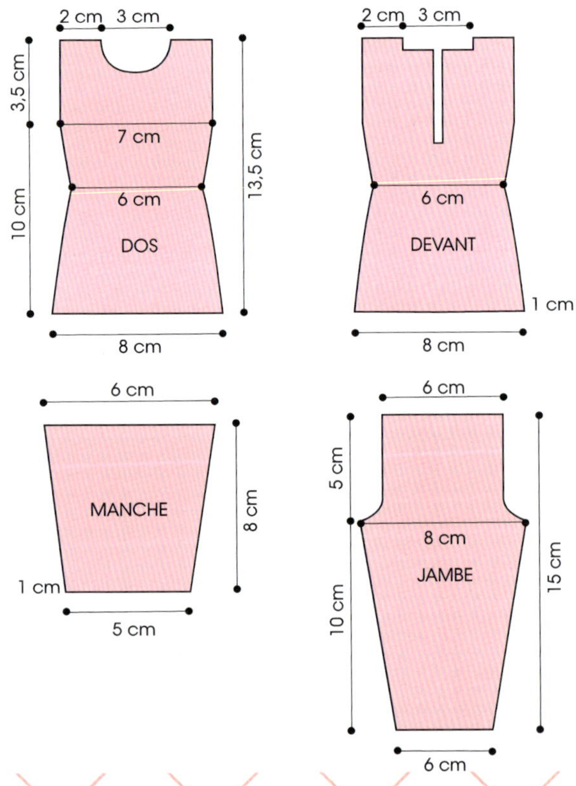

## DOS

Se commence comme le devant.
À 12 cm de hauteur totale, arrêter les 5 m. centrales et continuer chaque côté séparément en diminuant 2 x 1 m. ts les 2 rgs côté encolure.
À 13,5 cm, arrêter les 5 m. d'épaule.
Reprendre les 7 m. de l'autre demi-dos et faire de même en vis-à-vis.

## MANCHE

Monter 15 m. aig. n° 3, coloris Écru, tricoter 4 rgs en Point de riz.
Continuer en Jacquard en suivant la grille en augmentant 1 m. à chaque extrémité puis poursuivre en Point de riz.
À 8,5 cm de hauteur totale, arrêter les mailles.
Tricoter la seconde manche semblable.
Coudre les épaules.
Coudre les manches autour des emmanchures, puis coudre les côtés et les dessous de manche. Le long de l'ouverture deavnt, coloris Écru, crochet n° 2,5, crocheter 1 rg de m.s en bordure en faisant 2 boutonnières de 3 m.l.
Coudre les boutons rouges.

## COL

Relever 31 m. aig. n° 3, coloris Écru, tricoter 16 rgs en Point de riz, puis arrêter les mailles souplement.

JACQUARD PULL

DEVANT DOS

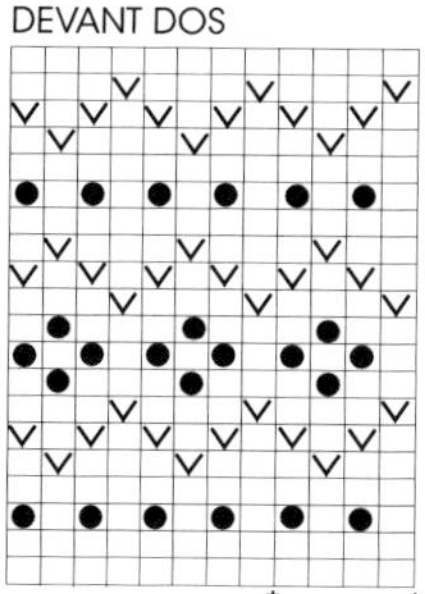

Répéter de * à * ces 4 m.

☐ Coloris Écru
⊡ Coloris Rouge
☑ Coloris Vésuve

MANCHE

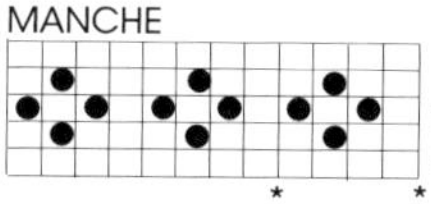

Répéter de * à * ces 4 m.

☐ Coloris Écru
⊡ Coloris Rouge

## FUSEAU

Se commence par une jambe.
Monter 15 m. aig. n° 3, coloris Vésuve, tricoter en Jersey en augmentant 4 x 1 m. ts les 10 rgs. On a 23 m.
À 13 cm de hauteur totale, commencer les diminutions ainsi de chaque côté ts les 2 rgs : 1 x 2 m., 1 x 1 m. On a 17 m.
À 17 cm de haut. tot., arrêter les mailles.
Tricoter la seconde jambe.
Assembler les 2 jambes par les coutures d'entrejambe.
Passer du lastex dans le haut.

## BONNET

Monter 29 m. aig. n° 2,5, coloris Écru, tricoter 5 rgs en Côtes 1/1.
Continuer en Jersey aig. n° 3, coloris Rouge, pendant 6 rgs.
Commencer les diminutions ainsi :
3 m. end., *2 m. ens., 5 m. end.*, répéter de * à * et terminer par 2 m. ens., 3 m. end. On a 25 m.
4 rgs plus haut : 3 m. end., *2 m. ens., 4 m. end.*, répéter de * à * et terminer par 2 m. ens., 2 m. end. On a 21 m.
4 rgs plus haut : 2 m. end., *2 m. ens., 3 m. end.*, répéter de * à * et terminer par 2 m. ens., 2 m. end. On a 17 m.
4 rgs plus haut : 2 m. end., *2 m. ens., 2 m. end.*, répéter de * à * et terminer par 2 m. ens., 1 m. end. On a 13 m.
4 rgs plus haut : 1 m. end., *2 m. ens., 1 m. end.*, répéter de * à *. On a 9 m.
2 rgs plus haut : 1 m. end., *2 m. ens.*, répéter de * à *. On a 5 m.
Passer 1 fil dans les mailles et serrer.
Coudre à l'arrière du bonnet. Coudre un pompon écru au bout.

## ÉCHARPE

Monter 99 m. aig. n° 3, coloris Rouge, tricoter en Point de riz.
À 2 cm (8 rgs) de hauteur totale, arrêter les mailles souplement.
Coudre 4 pompons écrus à chaque extrémité.

LOVE

17

## STEFFI SE MARIE

Robe de mariée en Jersey, Point mousse et Point ajouré - finitions picots au crochet. Jupon et voile en tulle. Qualité PHIL COTON 3

## 17 STEFFI SE MARIE

### FOURNITURES
Qualité PHIL COTON 3 (100 % coton) : coloris Blanc 1 pelote • Aig. n° 3 • Crochet n° 2,5 • 1 bouton cœur en nacre rose • 2 boutons blancs • 70 cm ruban satin rose 25 mm • Tulle pour jupon 100 x 40 cm et voile 60 x 40 cm • Lastex

Taille unique

### POINTS
- Jersey
- Point mousse
- Point ajouré : voir grille.
- Augmentation intercalaire : piquer l'aig. gauche sous le fil reliant la m. que l'on vient de tric. et la m. suivante. Dans la boucle formée, faire une m. end. en piquant l'aig. droite sous le brin arrière de la boucle.
- Surjet simple : glisser 1 m. sans la tricoter, tricoter la m. suivante et passer la m. glissée sur la m. tricotée.
- Maille serrée (m.s)
- Maille en l'air (m.l)
- Maille coulée (m.c)
- Point de picot : 1 m.c , *3 m.l, 1 m.c dans la même m., 2 m.c*, répéter de * à *.
- Mini arceaux : 1 m.c, *4 m.l, sauter 1 m., 1 m.c.*, répéter de * à *.

### ÉCHANTILLON
Aiguilles n° 3 en PHIL COTON 3 en Jersey 10 cm = 26 m. et 35 rgs

### ROBE
Se tricote en un seul morceau et se commence par le bas.
Monter 123 m. aig. n° 3, coloris Blanc, tricoter 1 rg end. sur l'env. puis 2 rgs en Jersey.
Continuer en Point ajouré en suivant la grille pendant 20 rgs puis commencer les diminutions ainsi :
2 m. end., *1 jeté, 1 surjet simple, 2 m. end., 1 surjet simple, 3 m. end., 2 m. ens. à l'end., 1 jeté, 1 m. end.*, répéter de * à * 10 fois en tout et terminer par 2 m. end. au lieu d'1.
3 rgs plus haut : 2 m. end., *1 jeté, 1 surjet simple, 2 m. end., 2 m. ens. à l'end., 2 m. end., 2 m. ens. à l'end., 1 jeté, 1 m. end.*, répéter de * à * 10 fois en tout et terminer par 2 m. end. au lieu d'1.
3 rgs plus haut : 2 m. end., *1 jeté, 1 surjet simple, 1 m. end., 1 surjet simple, 2 m. end., 2 m. ens. à l'end., 1 jeté, 1 m. end.*, répéter de * à * 10 fois en tout et terminer par 2 m. end. au lieu d'1.
3 rgs plus haut : 2 m. end., *1 jeté, 1 surjet simple, 1 m. end., 2 m. ens. à l'end., 1 m. end., 2 m. ens. à l'end., 1 jeté, 1 m. end.*, répéter de * à * 10 fois en tout et terminer par 2 m. end. au lieu d'1.
5 rgs plus haut : 2 m. end., *1 jeté, 1 surjet simple, 1 surjet simple, 1 m. end., 2 m. ens. à l'end., 1 jeté, 1 m. end.*, répéter de * à * 10 fois en tout et terminer par 2 m. end. au lieu d'1.
7 rgs plus haut : 2 m. end., *1 jeté, 1 surjet simple, 2 m. ens. à l'end., 2 m. ens. à l'end., 1 jeté, 1 m. end.*, répéter de * à * 10 fois en tout et terminer par 2 m. end. au lieu d'1.
6 rgs plus haut : 1 m. env., *3 m. ens. à l'env.*, répéter sur tout le rg et terminer par 1 m. env. On a 25 m.
Continuer 2 rgs en Jersey pour le corsage.
Commencer les augmentations de la taille ainsi :
- 9 m. end., 1 augm. intercalaire, 5 m. end., 1 augm. intercalaire, 9 m. end.
Tric. 1 rg envers sur les 27 m.
- 9 m. end., 1 augm. inter., 7 m. end., 1 augm. inter., 9 m. end.
Tric. 1 rg envers sur les 29 m.
- 9 m. end., 1 augm. inter., 9 m. end., 1 augm. inter., 9 m. end.
Tric. 1 rg envers sur les 31 m.
- 9 m. end., 1 augm. inter., 11 m. end., 1 augm. inter., 9 m. end.
Tric. 1 rg envers sur les 33 m.
- 9 m. end., 1 augm. inter., 13 m. end., 1 augm. inter., 9 m. end.
Tric. 1 rg envers sur les 35 m. Continuer 2 rgs en Jersey.
- 7 m. end., arrêter 3 m., 15 m. end., arrêter 3 m., 7 m. end.
Tricoter 6 rgs en Jersey sur les 7 m. de gauche en laissant les

autres m. en attente puis arrêter les 3 m. de gauche et tric. 4 rgs sur les 4 m. restantes et arrêter.
Reprendre les 15 m. centrales et tricoter 4 rgs en Jersey puis arrêter les 5 m. centrales, continuer chaque côté séparément en diminuant 1 x 1 m. côté encolure, tric. 4 rgs sur les 4 m. restantes et arrêter. Tricoter l'autre côté en vis-à-vis.
Reprendre les 7 m. de droite et tricoter comme pour les 7 m. de gauche. Coudre les épaules 2 à 2.
Coudre l'arrière de la robe jusqu'à 1 cm au-dessus de la ceinture.

**MANCHES**
Monter 10 m. aig. n° 3, tricoter 1 rg à l'env. sur l'env. puis 2 m. end. dans chaque m. au rg suivant. On a 20 m. Continuer en Jersey en augmentant ts les 2 rgs de chaque côté : 2 x 1 m. On a 24 m.
À 3 cm de hauteur totale, diminuer de chaque côté ts les 2 rgs : 1 x 3 m., 1 x 2 m., 1 x 3 m.
Arrêter les 8 m. restantes.
Tricoter une seconde manche semblable.
Passer un fil de lastex dans le haut de la manche pour froncer la tête de manche.
Coudre la manche autour de l'emmanchure, puis le dessous.
**Bordure bas de robe :** En bas de la robe, crocheter 1 rg de mailles serrées puis 1 rg de mini arceaux.
**Bordure dos :** Crocheter 1 rg de m.s le long de la bordure des demi-dos en faisant 2 brides de 3 m.l pour les boutons. Coudre les 2 boutons blancs.
**Bordure encolure :** Crocheter 1 rg en m.s autour de l'encolure et 1 rg de Point de picot. Coudre le bouton cœur rose au milieu du devant. Nouer le ruban rose.

**JUPON**
Plier le tulle en 2 (20 cm de hauteur par 100 cm de largeur), passer un fil de lastex en haut pour froncer.

**VOILE**
Plier le tulle en haut (40 cm de hauteur par 60 cm de largeur), passer un fil de lastex à 2,5 cm du haut pour froncer et laisser un morceau pour nouer sous le menton ou derrière la tête comme un bandeau.

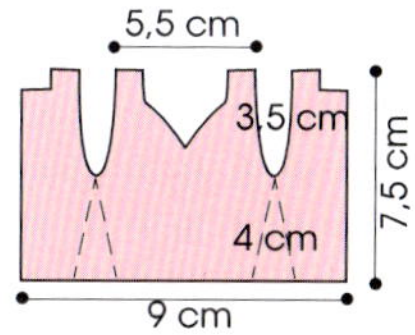


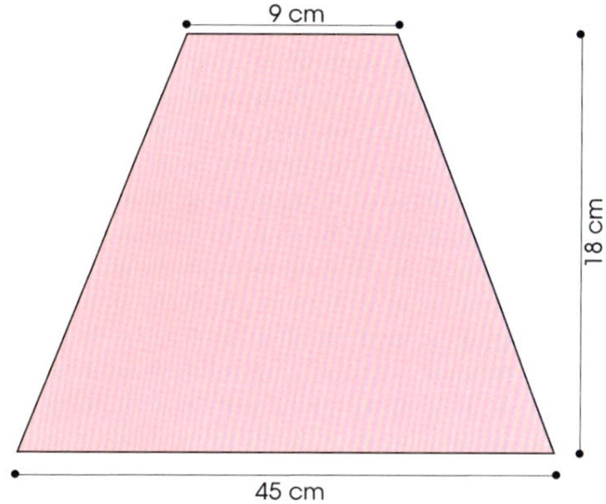


POINT AJOURÉ

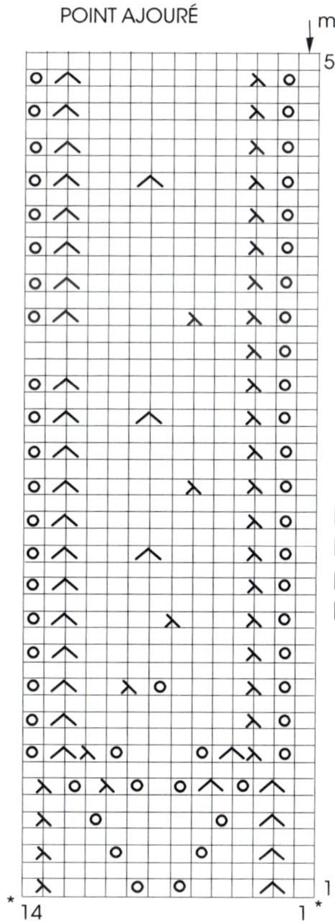


☐ m. jersey
⊡ jeté
surjet simple
2 m. ensemble à l'endroit

Répéter de * à * ces 14 m.

18

RÉGATE À SAINT-MALO

Pull marinière, Pantacourt, Bonnet et Sac matelot en Jersey, Point mousse et Côtes 1/1. Qualité PHIL COTON 3

# 18 RÉGATE À SAINT-MALO

MARINIÈRE

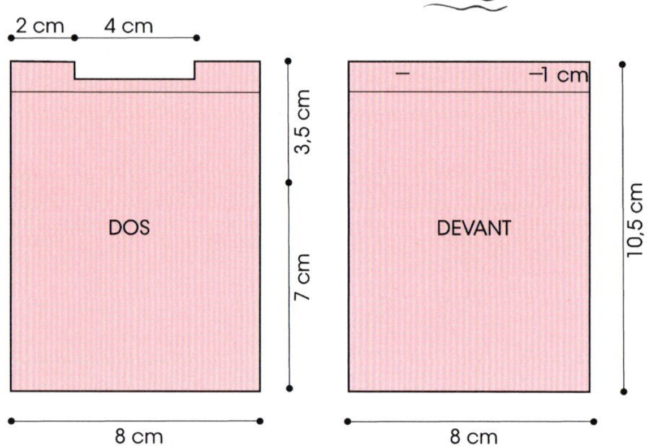


**FOURNITURES**

Qualité PHIL COTON 3 (100 % coton) : coloris Marine 1 pelote, coloris Blanc 1 pelote, coloris Rouge 1 pelote • Aig. n° 2,5 et 3 • Crochet n° 3 • 2 boutons marine • Lastex

Taille unique

**POINTS**

- Jersey
- Point mousse
- Côtes 1/1
- Surjet simple : glisser 1 m. sans la tricoter, tricoter la m. suivante et passer la m. glissée sur la m. tricotée.
- Maille en l'air (m.l) = chaînette

**ÉCHANTILLON**

Aiguilles n° 3 PHIL COTON 3 en Jersey 10 cm = 26 m. et 35 rgs

**PULL**

**DOS**

Monter 22 m. aig. n° 3, coloris Blanc, tricoter 1 rg end. sur l'env. = 1 barre mousse.
Continuer en Jersey ainsi : 4 rgs Blanc, 2 rgs Rouge, *2 rgs Blanc, 2 rgs Rouge*, répéter de * à * 4 fois en tout et continuer en Blanc.
À 9,5 cm de hauteur totale, tric. 4 rgs en Point mousse = 2 barres mousse puis arrêter les 10 m. centrales. Continuer chaque épaule séparément sur les 6 m. d'épaule en Jersey pendant 4 rgs. Arrêter.

**DEVANT**

Se commence comme le dos.
À 9,5 cm de hauteur totale, tric. 4 rgs en Point mousse = 2 barres mousse en faisant 2 boutonnières d'1 m. à 5 m. des bords sur le 3e rg.
À 10 cm de hauteur totale, arrêter les mailles.

**MANCHE**

Monter 16 m. aig. n° 3, coloris Blanc, tricoter 1 rg end. sur l'env. = 1 barre mousse.
Continuer en Jersey ainsi : 4 rgs Blanc, 2 rgs Rouge, *2 rgs Blanc, 2 rgs Rouge*, répéter de * à * 4 fois en tout et terminer par 2 rgs Blanc.
À 7 cm de hauteur totale, arrêter les mailles.
Tricoter la seconde manche semblable.
Superposer les épaules.
Coudre les manches autour des emmanchures, puis coudre les côtés et les dessous de manche. Coudre les boutons.

**PANTACOURT**

Se commence par une jambe.
Monter 27 m. aig. n° 3, coloris Marine, tricoter 1 rg end. sur l'env. = 1 barre mousse.
Continuer en Jersey.
À 3,5 cm de hauteur totale, commencer les diminutions ainsi : 1 m. end., 1 surjet simple, 8 m. end., 2 m. ens., 1 m. end., 1 surjet simple, 8 m. end., 2 m. ens., 1 m. end. On a 23 m.
10 rgs plus haut : 1 m. end., 1 surjet simple, 6 m. end., 2 m. ens., 1 m. end., 1 surjet simple, 6 m. end., 2 m. ens., 1 m. end. On a 19 m.
10 rgs plus haut : 1 m. end., 1 surjet simple, 4 m. end., 2 m. ens., 1 m. end., 1 surjet simple, 4 m. end., 2 m. ens., 1 m. end. On a 15 m.

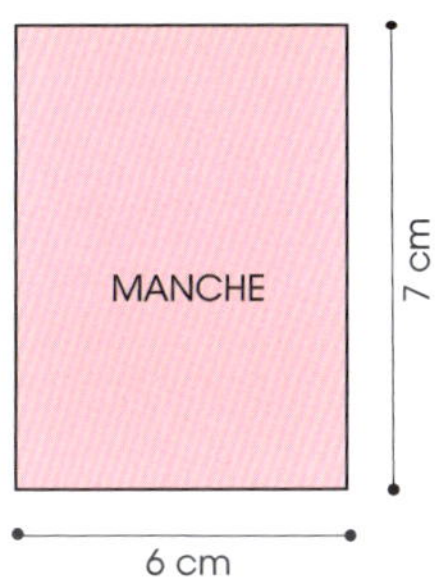


PANTACOURT

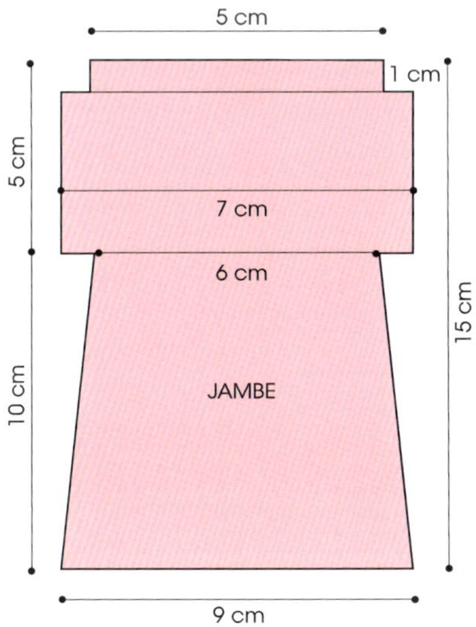


10 rgs plus haut, augmenter 2 m. de chaque côté. On a 19 m.
À 15 cm de haut. tot., continuer en Côtes 1/1, aig. n° 2,5, pendant 1,5 cm.
À 16,5 cm de haut. tot., arrêter les mailles.
Tricoter la seconde jambe.
Assembler les 2 jambes par les coutures d'entrejambe.
Passer du lastex dans les côtes. Broder 1 rg au Point de piqûre coloris Blanc en bas de chaque jambe.

**BONNET**

Monter 27 m. aig. n° 2,5, coloris Blanc, tricoter 6 rgs en Côtes 1/1.
Continuer en Jersey aig. n° 3, coloris Rouge, pendant 9 rgs.
Tricoter ensuite les m. 2 par 2. Il reste 14 m.
2 rgs plus haut : tric. les m. 2 par 2.
Passer un fil dans les 7 m. restantes et serrer.

**SAC**

Se commence par le haut.
Monter 40 m. aig. n° 3, coloris Marine, tricoter 1 rg end. sur l'env. et continuer 4 rgs en Jersey.
Au rg suivant, tric les m. ens. 2 par 2. On a 20 m.
Tricoter 2 rgs Blanc puis continuer en coloris Marine ainsi : *1 m. end., 2 m. end. dans la m. suivante*, répéter de * à *. On obtient 30 m.
Au rg suivant : *2 m. env., 2 m. env. dans la m. suivante*, répéter de * à *. On obtient 40 m.
Continuer en Jersey rayé ainsi : *2 rgs Marine, 2 rgs Blanc*, répéter de * à * 4 fois en tout.
Terminer en coloris Marine 2 rgs puis les m. ens. 2 par 2. On a 20 m.
Au rg suivant, tricoter à nouveau les m. ens. 2 par 2. On a 10 m. Passer un fil et serrer.
Coudre à l'arrière.
Faire une chaînette de 40 m. crochet n° 3, coloris Blanc, pour l'anse et coudre de chaque côté.
Passer du lastex dans la rayure blanche du haut.

19

## MIAMI BEACH

Maillot 2 pièces, Jupe à volants et
Capeline en Jersey et Point mousse
- finitions crochet.
Qualité PHIL COTON 3

# 19 MIAMI BEACH

**FOURNITURES**

Qualité PHIL COTON 3 (100 % coton) : 3 coloris Citron 1 pelote, coloris Blanc 1 pelote, coloris Vitamine 1 pelote • Aig. n° 3 • Crochet n° 2,5 • Lastex

Taille unique

**POINTS**

- Jersey
- Point mousse
- Augmentation intercalaire : piquer l'aig. gauche sous le fil reliant la m. que l'on vient de tric. et la m. suivante. Dans la boucle formée, faire une m. end. en piquant l'aig. droite sous le brin arrière de la boucle.
- Maille en l'air (m.l) = chaînette

**ÉCHANTILLON**

Aiguilles n° 3 PHIL COTON 3 en Jersey 10 cm = 26 m. et 35 rgs

**JUPE**

Se tricote en un seul morceau et se commence par le haut.
Monter 32 m. aig. n° 3, coloris Blanc, tricoter 1 rg end. sur l'env. = 1 barre mousse.
Tricoter en 4 rgs Jersey en plaçant 3 m. Point mousse à chaque extrémité.
Continuer en augmentant ainsi : 3 m. Point mousse, 6 m. end., 1 augmentation intercalaire, 12 m. end., 1 augm. inter., 8 m. end., 3 m. end. On a 34 m.
2 rgs plus haut : 3 m. Point mousse, 7 m. end., 1 augm. inter., 12 m. end., 1 augm. inter., 9 m. end., 3 m. end. On a 36 m.
2 rgs plus haut : 3 m. Point mousse, 8 m. end., 1 augm. inter., 12 m. end., 1 augm. inter., 8 m. end., 3 m. end. On a 38 m.
Tricoter 8 rgs tout droit.

**Volant orange :**

Avec le coloris Vitamine, continuer ainsi : 2 m. Point mousse, 2 m. dans chaque maille et terminer par 2 m. Point mousse. On a 72 m.
Tric. 1 rg envers sur envers puis : 3 m. Point mousse, *2 m. dans 1 m., 1 m. end.*, et terminer par 3 m. Point mousse. On a 105 m.
Continuer 6 rgs en Jersey puis 1 rg end. sur l'env. et arrêter toutes les mailles.

**Volant jaune :**

Sur le 11e rg de Jersey, relever 38 m. coloris Citron et tricoter comme le volant orange :

2 m. Point mousse, 2 m. dans chaque maille et terminer par 2 m. Point mousse. On a 72 m.

Tric. 1 rg envers sur envers puis : 3 m. Point mousse, *2 m. dans 1 m., 1 m. end.*, et terminer par 3 m. Point mousse. On a 105 m.

Continuer 6 rgs en Jersey puis 1 rg end. sur l'env. et arrêter toutes les mailles.

Crocheter 2 chaînettes de 25 m., coloris Blanc, crochet n° 2,5, et coudre sur les 2 devants afin de les nouer en croisant un peu.

**BAS DE MAILLOT**

Monter 15 m. aig. n° 3, coloris Blanc, tricoter 1 rg end. sur l'env. = 1 barre mousse.

Continuer en Jersey ainsi : 2 rgs Blanc en augm. 1 m. de chaque côté, puis 6 rgs coloris Citron.

Diminuer 5 m. de chaque côté, puis 2 rgs plus haut : 1 x 1 m.

Tricoter 3 rgs sur ces 5 m. restantes et mettre en attente.

Tricoter un second côté identique puis assembler les 2 parties ensemble en tricotant les m. 2 par 2.

Coudre les côtés de la culotte.

**HAUT DE MAILLOT**

Monter 33 m. aig. n° 3, coloris Citron, tricoter 1 rg end. sur l'env. = 1 barre mousse.

Continuer 2 rgs en Jersey puis diminuer 6 x 1 m. de chaque côté à 1 m. du bord ts les rgs.

Puis mettre en attente les 3 premières mailles, arrêter les 15 m. centrales et continuer sur les 3 dernières mailles pour une bretelle pendant 15 rgs et arrêter les m.

Reprendre les 3 premières mailles et faire de même pour la seconde bretelle.

Coudre les 2 bretelles au dos en laissant 2 cm au centre.

Crocheter 1 chaînette de 60 m., coloris Blanc, crochet n° 2,5 et nouer les 2 demi-devants ensemble.

**CAPELINE**

Monter 70 m. aig. n° 3, coloris Vitamine, tricoter 1 rg end. sur l'env. = 1 barre mousse.

Tricoter 10 rgs en Jersey puis au rg suivant tric. les m. ens. 2 par 2. On a 35 m.

Continuer tout droit en Jersey pendant 8 rgs.

Au rg suivant, tric. les m. ens. 2 par 2. On a 18 m.

Au rg suivant, tric. les m. ens. 2 par 2. On a 9 m.

Passer un fil dans les mailles et serrer.

Coudre sur le côté et passer un fil de lastex à la base de la capeline.

# 20

## BONNE NUIT STEFFI

Nuisette, Short et Peignoir en Jersey,
Point mousse et Côtes 1/3 - finitions
picots au crochet.
Qualités SUPER BABY et PHIL DOUCE

# 20 BONNE NUIT STEFFI

**FOURNITURES**

Qualité SUPER BABY (70 % acrylique et 30 % laine d'agneau) : coloris Cygne 1 pelote, coloris Rose 1 pelote • Qualité PHIL DOUCE (100 % polyester) : coloris Œillet 1 pelote • Aig. n° 2,5, 3 et 4,5 • Crochet n° 2,5 • 45 cm de ruban satin blanc 8 mm • Lastex

Taille unique

**POINTS**

- Jersey
- Point mousse
- Côtes 1/1
- Côtes 1/3 : 1 m. end., 3 m. env.
- Maille serrée (m.s)
- Maille coulée (m.c)
- Maille en l'air (m.l)
- Mini vagues : 1 m. coulée, *3 m.l, sauter 1 m., 2 m.c dans les 2 m. suivantes*, répéter de * à *.

**ÉCHANTILLON**

Aiguilles n° 3 en Jersey 10 cm = 30 m. et 40 rgs

**NUISETTE**

**DOS/DEVANT**

Monter 31 m. aig. n° 2,5, coloris Cygne, tricoter 1 rg end. sur l'env. = 1 barre mousse.
Continuer avec les aig. n° 3 en Jersey en diminuant de chaque côté tous les 8 rgs : 3 x 1 m. On a 25 m.
À 8 cm de hauteur totale, continuer en Côtes 1/3 ainsi : 2 m. env., *1 m. end., 3 m. env.*, répéter de * à * et terminer par 2 m. env. pendant 12 rgs.
À 11 cm de haut. tot., terminer par 1 rg end. sur l'env. et arrêter les mailles. Tricoter un second morceau semblable.
Assembler le dos et le devant par les coutures de côté.
Broder les smocks en suivant le schéma avec le coloris Rose.
Crocheter un rang de m.s, col. Rose, crochet n° 2,5, puis un rang de mini vagues en haut et en bas.
Faire 2 chaînettes de 13 m.l, col. Cygne, crochet n° 2,5, pour les bretelles et les coudre.

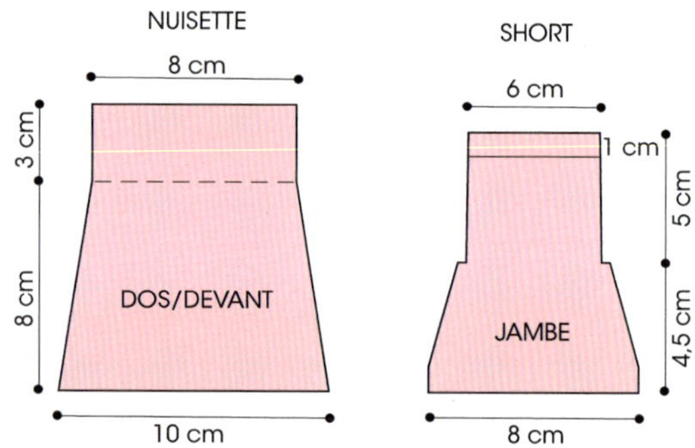


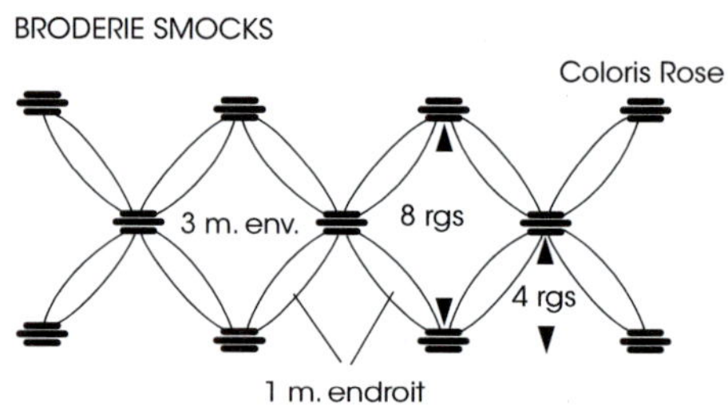

PEIGNOIR

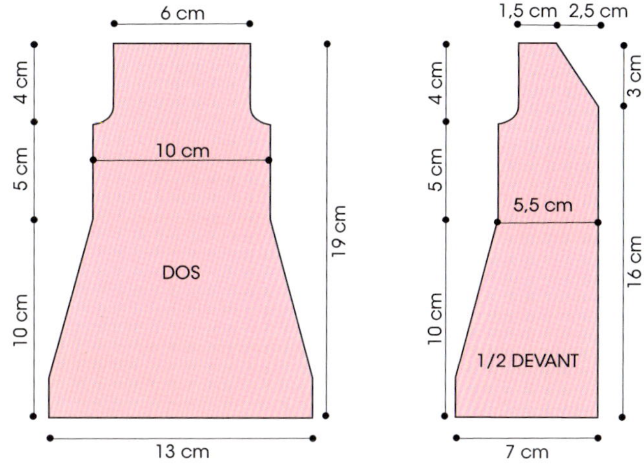


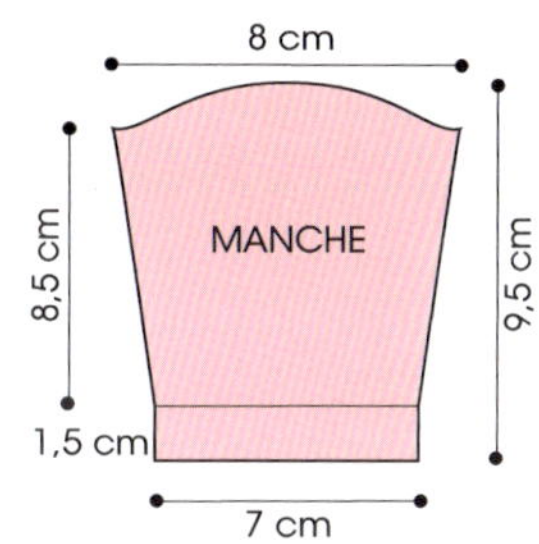

**SHORT**

Se commence par une jambe.
Monter 25 m. aig. n° 2,5, coloris Gygne, tricoter 1 rg end. sur l'env. = 1 barre mousse.
Continuer avec les aig. n° 3 en Jersey en diminuant de chaque côté tous les 6 rgs : 2 x 1 m. On a 21 m.
À 4,5 cm de hauteur totale, diminuer 2 m. de chaque côté. On a 17 m.
À 8,5 cm de haut. tot., tricoter 5 rgs en Côtes 1/1, aig. n° 2,5.
À 9,5 cm de haut. tot., arrêter les mailles.
Crocheter un rang de m.s, col. Rose, crochet n° 2,5, puis un rang de mini vagues en haut et en bas.
Tricoter une seconde jambe semblable.
Assembler les 2 jambes par les coutures d'entrejambe.
Passer du lastex dans les côtes si nécessaire.

**BANDEAU**

Faire une chaînette de 85 m. crochet n° 2,5, coloris Rose, crocheter un rang en m. serrées et arrêter.

**PEIGNOIR**

**DOS**

Monter 20 m. aig. n° 4,5, coloris Œillet, tricoter 1 rg end. sur l'env. et continuer en Jersey en diminuant de chaque côté ts les 6 rgs = 3 x 1 m. On a 14 m.
À 10 cm de hauteur totale, continuer tout droit.
À 15 cm de haut. tot., diminuer 2 m. de chaque côté.
À 19 cm de haut. tot., arrêter les mailles.

**DEMI-DEVANT GAUCHE**

Monter 12 m. aig. n° 4,5, coloris Œillet, tricoter 1 rg end. sur l'env. et continuer en Jersey en diminuant de chaque côté ts les 6 rgs = 3 x 1 m. On a 9 m.
À 10 cm de hauteur totale, continuer tout droit.
À 15 cm de haut. tot., diminuer 2 m. côté droit.
À 16 cm de haut. tot., diminuer 3 x 1 m. ts les 2 rgs côté encolure.
À 19 cm de haut. tot., arrêter les 4 mailles.
Tricoter un second demi-devant droit en vis-à-vis.

**MANCHE**

Monter 10 m. aig. n° 4,5, coloris Œillet, tricoter 3 cm (6 rgs) au Point mousse et continuer en Jersey en augmentant 1 m. de chaque côté. On a 12 m.
À 8 cm de hauteur totale, diminuer 3 m. de chaque côté.
À 9 cm de haut. tot., arrêter les 6 m. restantes.
Tricoter une seconde manche semblable.
Coudre les dos et les demi-devants par les épaules.

**COL**

Relever 28 m. aig. n° 4,5, au bord de l'encolure, sur l'envers en commençant au début de l'encolure du demi-devant gauche. Tricoter 2 rgs en Jersey puis laisser en attente de chaque côté ts les 2 rgs : 5 x 2 m. Tricoter 2 rgs sur toutes les m. et rabattre souplement.
Coudre les manches autour des emmanchures.
Faire les coutures des côtés et des dessous de manches en inversant la couture sur 2 cm pour le revers des manches.
Faire un passant de chaque côté pour attacher la ceinture (ruban blanc).

# lou et zoé les poupons

# 21

## VERSION POUPON FILLE

Robe salopette, Pull et Chaussons en Jersey, Point de riz et Point mousse.
Qualité PARTNER 3,5

# 22

## VERSION POUPON GARÇON

Salopette, Pull, Cardigan et Chaussons en Jersey, Point de riz et Point mousse.
Qualité PARTNER 3,5

## 21 VERSION POUPON FILLE

**FOURNITURES**

Qualité PARTNER 3,5 (50 % polyamide, 25 % acrylique, 25 % laine peignée) : coloris Bengale 1 (2) pelotes, coloris Grenadine 1 (2) pelotes • Aig. n° 3 et 3,5 • 3 boutons roses ou orange • 1 m de biais à pois orange/blanc (site internet Bouillon de couture)

Taille PM (GM = 3 mois)

**POINTS**

- Jersey
- Point de riz : nombre de m. impair

R1 : *1 m. end., 1 m. env.*, répéter de * à *.

R2 : *1 m. env., 1 m. end.*, répéter de * à *.

Répéter toujours ces 2 rgs. On contrarie les m. ts les rgs.

**ÉCHANTILLON**

Aiguilles n° 3,5 PARTNER 3,5 en Jersey 10 cm = 23 m. et 30 rgs

**PULL**

Se tricote en un seul morceau.

Monter 43 (53) m. aig. n° 3,5, coloris Grenadine, tricoter 1 cm (4 rgs) en Point mousse = 2 barres mousse. Continuer en Jersey. À 8 (10) cm de hauteur totale, former les manches en augmentant 7 (13) m. de chaque côté en plaçant 2 (3) m. Point mousse à chaque extrémité = bordure manche. On a 57 (79) m.

À 13 (17) cm de haut. tot., former l'encolure en arrêtant les 7 (9) m. centrales. Continuer chaque côté séparément en diminuant côté encolure : 3 m., 2 x 1 m. (3 m., 2 m., 2 x 1 m.).

À 16 (21) cm de haut. tot., ajouter 9 (11) m. au milieu du dos. On a 29 (39) m.

Continuer en plaçant 2 (3) m. en Point mousse le long de la bordure milieu dos et 2 (2) m. en Point mousse en bordure de manche.

À 22 (28) cm, rabattre les 7 (13) m. de gauche (manche), mettre les 22 (26) m. en attente, reprendre l'autre côté en vis-à-vis sur les 26 (36) m. en attente.

À 22 (28) cm, reprendre les m. en attente en tricotant ens. les 2 m. centrales, continuer sur les 43 (53) m. en Jersey, en plaçant 2 (3) m. Point mousse (2 rgs) au milieu du dos en

PULL

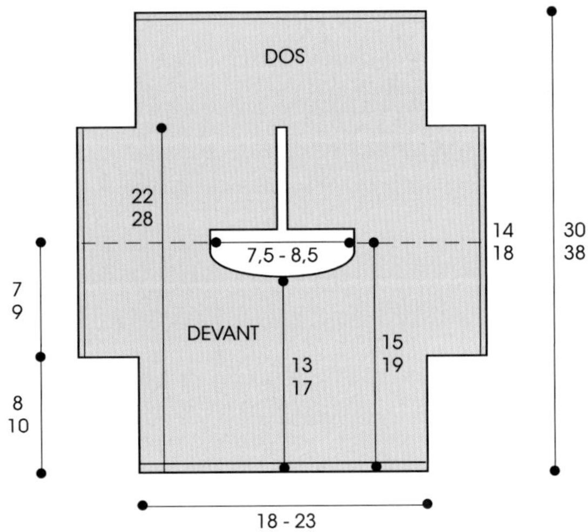


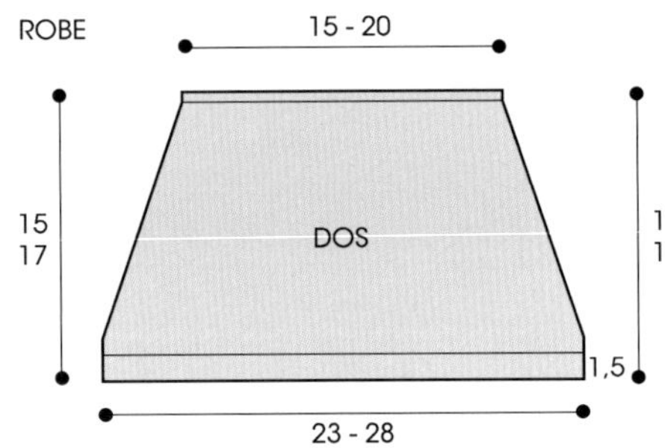


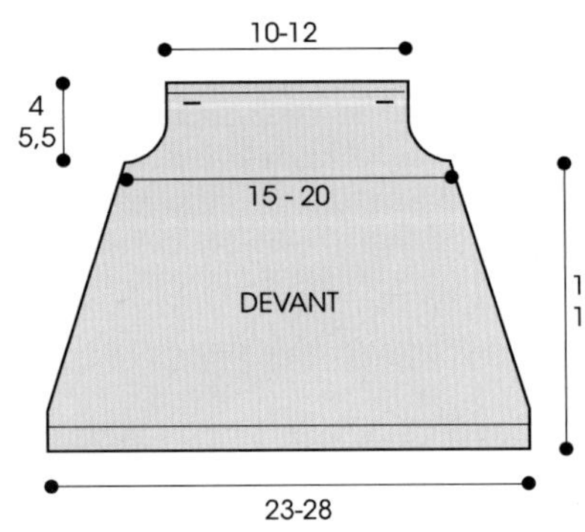

prolongement des bordures dos. Continuer tout droit en Jersey. À 28,5 (36,5) cm de haut. tot., tricoter 1 cm (4 rgs) en Point mousse = 2 barres mousse. À 30 (38) cm, arrêter les m.
Coudre les côtés et les dessous de manches.
Faire 1 bride derrière et coudre 1 bouton.
Coudre le biais autour de l'encolure.

**ROBE SALOPETTE**

**DOS**

Monter 55 (65) m. aig. n° 3,5, coloris Bengale, tricoter 1,5 cm (5 rgs) en Point de riz.
Continuer en Jersey en diminuant de chaque côté à 1 m. des bords :
5 x 1 m. ts les 4 rgs, 3 x 1 m. ts les 6 rgs (8 x 1 m. ts les 6 rgs). On a 39 (49) m.
À 16,5 (18,5) cm de hauteur totale, tricoter 1 cm en Point mousse (4 rgs).
À 17,5 (19,5) cm de haut. tot., rabattre les mailles.

**DEVANT**

Se commence comme le dos.
À 16,5 (18,5) cm de hauteur totale, diminuer de chaque côté ts les 2 rgs :
1 x 3 m., 1 x 2 m., 2 x 1 m. (1 x 4 m., 1 x 3 m. , 1 x 2 m., 1 x 1 m.). On a 25 (29) m.
À 19 (22) cm de haut. tot., former 2 boutonnières de 1 m. à 3 (4) m. des extrémités.
À 20 (23) cm de haut. tot., tricoter 1 cm en Point mousse (4 rgs).
À 21 (24) cm de haut. tot., rabattre les mailles.
**Bretelles :** Monter 5 (6) m. aig. n° 3,5, coloris Bengale, tricoter en Point de riz pendant 18 (24) cm puis rabattre les mailles.
Tricoter une seconde bretelle semblable.
**Poche :** Monter 5 (6) m. aig. n° 3,5, coloris Grenadine, tricoter en Jersey en augm. de chaque côté ts les 2 rgs : 2 x 1 m. (1 x 2 m., 2 x 1 m.). On a 9 (12) m.
À 4 (5) cm de hauteur totale, tricoter 2 (4) rgs en Point mousse et arrêter les mailles.
Tricoter une seconde poche semblable.

Faire les coutures des côtés. Coudre les bretelles dans le dos en les espaçant de 5 (6) cm (les bretelles se croisent dans le dos).
Coudre le biais le long des emmanchures devant, et de la bordure devant de la bavette.
Coudre les boutons sur chaque bretelle.

**CHAUSSONS**

Monter 30 (42) m. aig. n° 3, coloris Grenadine, tricoter 14 (18) rgs en Point mousse = 7 (9) barres mousse. Mettre les 11 (16) m. de gauche en attente et continuer sur les 8 (10) m. centrales ainsi : 18 (25) m. end., 2 m. ens. à l'end. (en prenant la 1re des m. en attente à gauche avec la dernière des 8 (10) m. centrales), tourner le travail, 7 (9) m. end., 2 m. ens. à l'end., tourner le travail. Répéter ce rang 5 (6) fois en tout, il reste 6 (9) m. de chaque côté.
Reprendre toutes les mailles et tricoter 2 rgs sur ces 20 (28) m., puis arrêter.
Tricoter un second chausson semblable.
Coudre en dessous du pied au milieu de la semelle et à l'arrière du talon.
Coudre un nœud au-dessus de chaque chausson en pliant un morceau de biais de 10 cm et en resserrant au centre.

## 22 VERSION POUPON GARÇON

**FOURNITURES**

Qualité PARTNER 3,5 (50 % polyamide, 25 % acrylique, 25 % laine peignée) : coloris Canard 2 (3) pelotes
coloris Lagon 2 (3) • Aig. n° 3 et 3,5 • 6 boutons • 1 m de biais à pois vert/blanc (site internet Bouillon de couture)

Taille PM (GM)

**POINTS**

- Jersey
- Point de riz : nombre de m. impair

R1 : *1 m. end., 1 m. env.*, répéter de * à *.
R2 : *1 m. env., 1 m. end.*, répéter de * à *.
Répéter toujours ces 2 rgs. On contrarie les m. ts les rgs.

**ÉCHANTILLON**

Aiguilles n°3,5 PARTNER 3,5 en Jersey 10 cm = 23 m. et 30 rgs

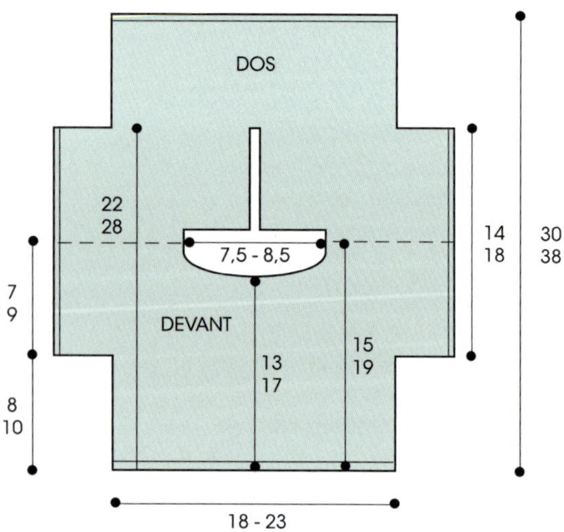


**PULL**

Se tricote en un seul morceau.
Monter 43 (53) m. aig. n° 3,5, coloris Lagon, tricoter 1,5 cm (5 rgs) en Point de riz. Continuer en Jersey.
À 8 (10) cm de hauteur totale, former les manches en augmentant 7 (13) m. de chaque côté en plaçant 3 (4) m. Point de riz à chaque extrémité = bordure manche. On a 57 (79) m.
À 13 (17) cm de haut. tot., former l'encolure en arrêtant les 7 (9) m. centrales. Continuer chaque côté séparément en diminuant côté encolure : 3 m., 2 x 1 m. (3 m., 2 m., 2 x 1 m.).
À 16 (21) cm de haut. tot., ajouter 9 (11) m. au milieu du dos. On a 29 (39) m.
Continuer en plaçant 2 (3) m. en Point de riz le long de la bordure milieu dos et 3 (4) m. en Point de riz en bordure de manche.
À 22 (28) cm, rabattre les 7 (13) m. de gauche (manche), mettre les 22 (26) m. en attente, reprendre l'autre côté en vis-à-vis sur les 26 (36) m. en attente.
À 22 (28) cm, reprendre les m. en attente, en tricotant ens. les 2 m. centrales, continuer sur les 43 (53) m. en Jersey, en plaçant 3 m. Point mousse (2 rgs) au milieu du dos en prolongement des bordures dos. Continuer tout droit en Jersey.
À 28,5 (36,5) cm de haut. tot., tricoter 1,5 cm en Point de riz (5 rgs). À 30 (38) cm, arrêter les m. Coudre les côtés et les dessous de manches. Faire 1 bride derrière et coudre 1 bouton. Coudre le biais autour de l'encolure.

**SALOPETTE**

**DOS**

Se commence par une demi-jambe.

Monter 19 (25) m. aig. n° 3,5, coloris Canard, tricoter 1,5 cm (5 rgs) en Point de riz. Continuer en Jersey.

À 10 (12) cm de hauteur totale, former l'entrejambe en augmentant à droite ts les 2 rgs : 2 x 1 m., 1 x 2 m. (1 x 1 m., 2 x 2 m.).

À 11 (13,5) cm de haut. tot., laisser ces 23 (30) m. en attente.

Tricoter la seconde demi-jambe en sens inverse. Réunir les 2 demi-jambes en tricotant ensemble les 2 m. centrales. On a 45 (59) m.

Tricoter en Jersey en faisant de chaque côté à 1 m. du bord ts les 6 (8) rgs : 4 x 1 m. (5 x 1 m.). On a 37 (49) m.

À 22 (32) cm de haut. tot., tricoter 1 cm en Point mousse (4 rgs).

À 23 (33) cm de haut. tot., rabattre les mailles.

**DEVANT**

Se commence comme le dos.

À 22 (32) cm de hauteur totale, diminuer de chaque côté ts les 2 rgs : 1 x 4 m., 1 x 2 m., 2 x 1 m. (1 x 5 m., 1 x 3 m., 1 x 2 m., 1 x 1 m.). On a 21 (27) m.

À 25 (36) cm de haut. tot., former 2 boutonnières de 1 m. à 3 (4) m. des extrémités.

À 26 (37) cm de haut. tot., tricoter 1 cm en Point mousse (4 rgs).

À 27 (38) cm de haut. tot., rabattre les mailles.

**Bretelles :** Monter 5 (6) m. aig. n° 3,5, tricoter en Point de riz pendant 18 (24) cm puis rabattre les mailles.

Tricoter une seconde bretelle semblable.

**Poche :** Monter 6 (8) m. aig. n° 3,5, coloris Lagon, tricoter en Jersey en augm. de chaque côté ts les 2 rgs : 1 x 2 m., 2 x 1 m. On a 12 (16) m.

À 4 (5) cm de hauteur totale, tric. 2 (4) rgs en Point mousse et arrêter les mailles.

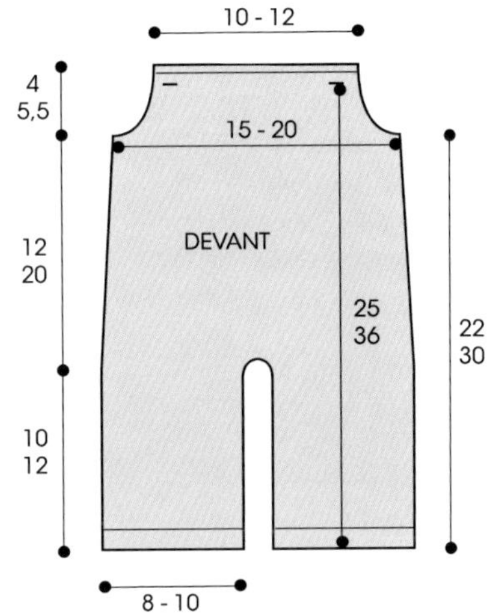


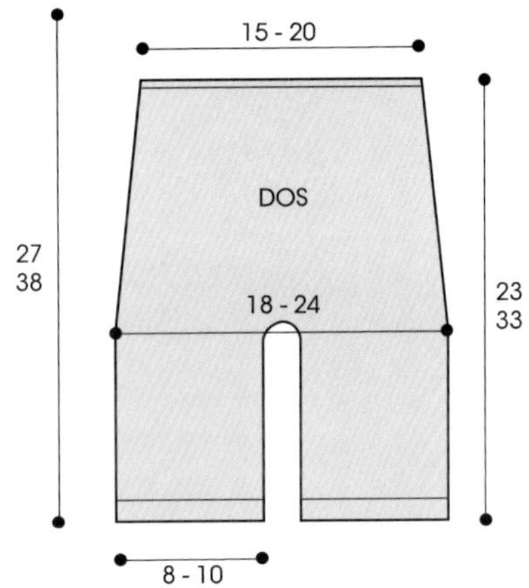


Faire les coutures des côtés et d'entrejambe. Coudre les bretelles dans le dos en les espaçant de 5 (6) cm (les bretelles se croisent dans le dos).

Coudre le biais le long des emmanchures devant, et de la bordure devant de la bavette.

Coudre les boutons sur chaque bretelle.

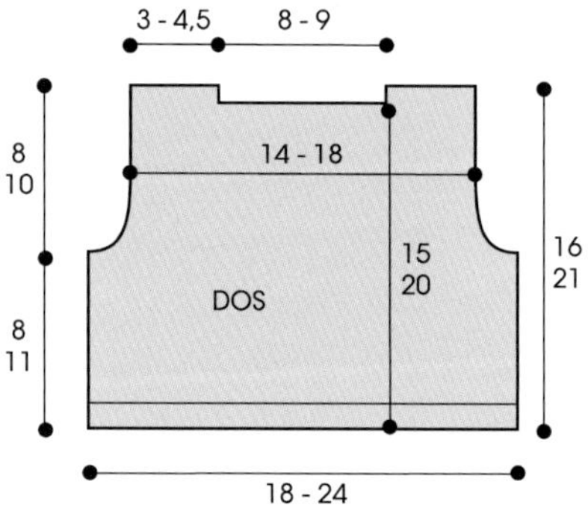


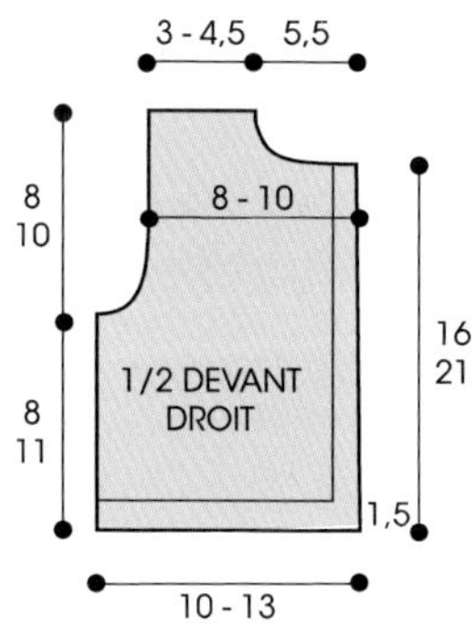


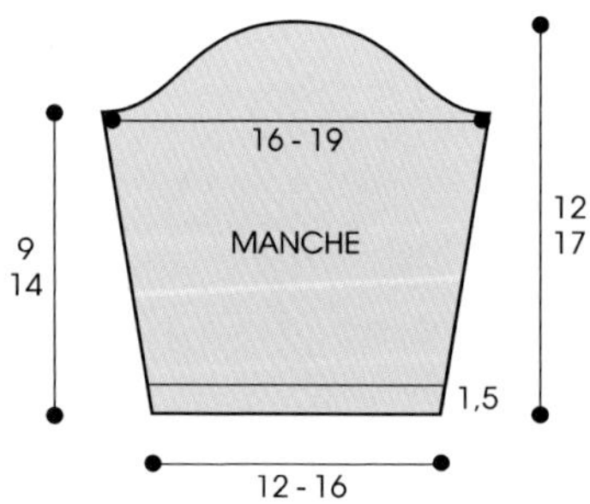


## CARDIGAN

### DOS

Monter 43 (55) m. aig. n° 3,5, coloris Canard, tricoter 1,5 cm (5 rgs) en Point de riz. Continuer en Jersey.

À 8 (11) cm de hauteur totale, former les emmanchures en rabattant de chaque côté ts les 2 rgs : 1 x 2 m., 2 x 1 m. (1 x 3 m., 1 x 2 m., 1 x 1 m.). On a 35 (43) m.

À 15 (20) cm de haut. tot., arrêter les 17 (21) m. centrales puis continuer chaque côté séparément.

À 16 (21) cm de haut. tot., arrêter les 9 (11) m. restantes.

Tricoter la seconde épaule en vis-à-vis.

### DEMI-DEVANT DROIT

Monter 23 (31) m. aig. n° 3,5, coloris Canard, tricoter 1,5 cm (5 rgs) en Point de riz.

Continuer en Jersey en plaçant 4 (5) m. Point de riz côté droit (bordure boutonnage).

À 2 (2) cm de haut. tot., faire 1 boutonnière d'1 m. à 3 m. du bord (dans le Point de riz).

À 5,5 (7) cm de haut. tot., faire 1 boutonnière d'1 m. à 3 m. du bord.

À 8 (11) cm de haut. tot., former les emmanchures en rabattant côté gauche ts les 2 rgs : 1 x 2 m., 2 x 1 m. (1 x 3 m., 1 x 2 m., 1 x 1 m.). Il reste 19 (25) m.

Simultanément à 9 (12) cm de haut. tot., faire 1 boutonnière d'1 m. à 3 m. du bord.

À 12,5 (17) cm de haut. tot., faire 1 boutonnière d'1 m. à 3 m. du bord.

À 14 (18) cm de haut. tot., commencer les diminutions côté encolure ts les 2 rgs : 1 x 4 m., 1 x 3 m., 1 x 2 m., 1 x 1 m. (1 x 5 m., 1 x 3 m., 2 x 2 m., 2 x 1 m.).

À 16 (21) cm de haut. tot., arrêter les 9 (11) m. restantes.

Tricoter le second côté en vis-à-vis.

## MANCHE

Monter 29 (37) m. aig. n° 3,5, coloris Lagon, tricoter 1 cm (4 rgs) en Point mousse = 2 barres mousse. Continuer en Jersey en faisant de chaque côté à 1 m. du bord ts les 6 (10) rgs : 3 x 1 m. (3 x 1 m.). On a 37 (43) m.
À 9 (14) cm de hauteur totale, diminuer de chaque côté ts les 2 rgs : 1 x 3 m., 1 x 2 m., 2 x 3 m. (1 x 3 m., 1 x 2 m., 2 x 3 m.).
À 12 (17) cm de haut. tot., arrêter les 15 (21) m.
Tricoter la seconde manche semblable.

**Poche :** Monter 5 (6) m. aig. n° 3,5, coloris Lagon, tricoter en Jersey en augm. de chaque côté ts les 2 rgs : 2 x 1 m. (1 x 2 m., 2 x 1 m.). On a 9 (12) m.
À 4 (5) cm de hauteur totale, tricoter 2 (4) rgs en Point mousse et arrêter les mailles.

Faire les coutures d'épaules et des côtés.
Coudre les manches autour des emmanchures et les dessous de manches.
Coudre le biais autour de l'encolure.
Coudre les 4 boutons en face des boutonnières.
Coudre la poche sur le 1/2 devant droit.

## CHAUSSONS

Monter 30 (42) m. aig. n° 3, coloris Lagon, tricoter 14 (18) rgs en Point mousse = 7 (9) barres mousse. Mettre les 11 (16) m. de gauche en attente et continuer sur les 8 (10) m. centrales ainsi : 18 (25) m. end., 2 m. ens. à l'end. (en prenant la 1re des m. en attente à gauche avec la dernière des 8 (10) m. centrales), tourner le travail, 7 (9) m. end., 2 m. ens. à l'end., tourner le travail. Répéter ce rang 5 (6) fois en tout, il reste 6 (9) m. de chaque côté.
Reprendre toutes les mailles et tricoter 2 rgs sur ces 20 (28) m., puis arrêter.
Tricoter un second chausson semblable.
Coudre en dessous du pied au milieu de la semelle et à l'arrière du talon.

23

UNE PETITE SIESTE...

Nid d'ange et Doudou en Jersey endroit et envers et en Côtes 1/1.
Qualité PARTNER 3,5

## 23 UNE PETITE SIESTE...

### FOURNITURES

Qualité PARTNER 3,5 (50 % polyamide, 25 % acrylique, 25 % laine peignée) : coloris Bengale 2 (3) pelotes, coloris Églantine 1 (1) pelote • Aig. n° 3,5 • 6 boutons • 55 cm ruban à pois 10 mm • Bourrage synthétique

Taille PM (GM)

### POINTS

- Jersey
- Point mousse
- Côtes 1/1
- Augmentation intercalaire : piquer l'aig. gauche sous le fil reliant la m. que l'on vient de tric. et la m. suivante. Dans la boucle formée, faire une m. end. en piquant l'aig. droite sous le brin arrière de la boucle.

### ÉCHANTILLON

Aiguilles n° 3,5 PARTNER 3,5 en Jersey 10 cm = 23 m. et 30 rgs

### NID D'ANGE

### DOS

Monter 40 (46) m. aig. n° 3,5, coloris Bengale, tricoter en Jersey en augmentant de chaque côté ts les 2 rgs : 1 x 3 m., 2 x 2 m., 5 x 1 m. (2 x 3 m., 2 x 2 m., 5 x 1 m.). On a 64 (76) m. Continuer en Jersey.

À 12 (14) cm de hauteur totale, augmenter 3 (4) m. côté gauche pour la patte de boutonnage. Continuer en Jersey.

À 16 (19) cm de haut. tot., diminuer de chaque côté à 1 m. du bord droit et à 4 (5) m. du bord gauche : 6 x 1 m. ts les 4 rgs, 5 x 1 m. ts les 2 rgs (11 x 1 m. ts les 4 rgs).

On a 45 (58) m.

À 28 (33) cm de haut. tot., former les emmanchures en arrêtant les 3 (4) m. de gauche puis en diminuant de chaque côté ts les 2 rgs : 2 x 2 m., 1 x 1 m. (2 x 2 m., 3 x 1 m.).

On a 32 (44) m. À 32 (40) cm de haut. tot., former l'encolure en arrêtant les 8 (10) m. centrales. Continuer chaque côté séparément en diminuant de chaque côté ts les 2 rgs : 1 x 2 m., 1 x 1 m. (1 x 3 m., 1 x 2 m., 2 x 1 m.).

À 36 (45) cm de haut. tot., arrêter les 8 (10) m. d'épaule restantes.

### DEVANT

Se commence comme le dos.

À 12 (14) cm de hauteur totale, diminuer 3 (4) m. côté droit pour la patte de boutonnage. Continuer en Jersey.

À 16 (19) cm de haut. tot., diminuer de chaque côté à 1 m. du bord droit et à 4 (5) m. du bord gauche : 6 x 1 m. ts les 4 rgs, 5 x 1 m. ts les 2 rgs (11 x 1 m. ts les 4 rgs).

On a 45 (58) m.

À 28 (33) cm de haut. tot., former les emmanchures en arrêtant les 3 (4) m. de gauche puis en diminuant de chaque côté ts les 2 rgs : 2 x 2 m., 1 x 1 m. (2 x 2 m., 3 x 1 m.).

On a 32 (44) m.

À 33 (41) cm de haut. tot., former l'encolure en arrêtant les 8 (10) m. centrales. Continuer chaque côté séparément en diminuant de chaque côté ts les 2 rgs : 1 x 2 m., 1 x 1 m. (1 x 3 m., 1 x 2 m., 2 x 1 m.).

À 37 (46) cm de haut. tot., arrêter les 8 (10) m. d'épaule restantes.

**Bande de boutonnage :** Relever 35 (55) m., aig. n° 3,5, coloris Églantine, sur le côté droit du devant, tricoter en Côtes 1/1 en répartissant 4 boutonnières d'1 m. sur le 3e rg, la 1re à 5 m. du bas et les suivantes espacées de 8 (13) m. Tricoter 6 (8) rgs en tout et arrêter.

**Bordure dos :** Relever 95 (105) m., aig. n° 3,5, coloris Églantine, autour des emmanchures, des épaules et de l'encolure. Faire le 1er rg ainsi : 25 (27) m. de Côtes 1/1, 1 augmentation

intercalaire, 7 (9) m. en Côtes 1/1, 1 augm. inter., 27 (29) m. en Côtes 1/1, 1 augm. inter., 7 (9) m. en Côtes 1/1, 1 augm. inter., 29 (31) m. en Côtes 1/1.
Continuer en Côtes 1/1 sur ces 99 (109) m. pendant 6 (8) rgs en tout et arrêter.
**Bordure devant :** Relever 95 (105) m., aig. n° 3,5, coloris Églantine, autour des emmanchures, des épaules et de l'encolure. Faire le 1er rg ainsi : 25 (27) m. de Côtes 1/1, 1 augmentation intercalaire, 7 (9) m. en Côtes 1/1, 1 augm. inter., 27 (29) m. en Côtes 1/1, 1 augm. inter., 7 (9) m. en Côtes 1/1, 1 augm. inter., 25 (27) m. en Côtes 1/1.
Continuer en Côtes 1/1 sur ces 95 (105) m. en plaçant 2 boutonnières d'1 m. sur le 3e rg de côtes au milieu de chaque épaule. Après 6 (8) rgs de côtes, arrêter les mailles souplement.
Faire les coutures de l'arrondi et du côté gauche.
Coudre les boutons aux épaules et sur le côté droit.
Coudre un nœud de 20 cm environ au milieu du devant.

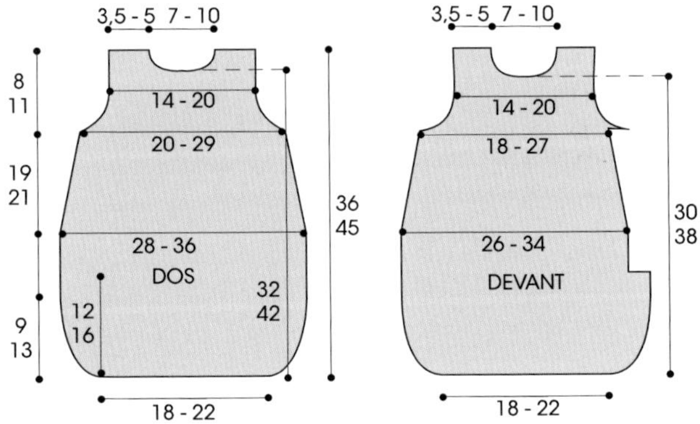


VISAGE DOUDOU OURS

Broderie coloris Bengale

## DOUDOU

Taille unique 13 cm

### CORPS

Se commence par une demi-jambe.
Monter 8 m., aig. n° 3,5, coloris Églantine, tricoter 12 rgs en Jersey envers puis mettre les mailles en attente. Monter 8 m., tricoter à nouveau 12 rgs en Jersey envers pour la 2e demi-jambe puis reprendre les 8 m. en attente en ajoutant 2 m. au centre. On a 18 m.
Continuer tout droit pendant 14 rgs puis augmenter 10 m. de chaque côté pour les bras.
On a 38 m. Tricoter tout droit pendant 16 rgs puis diminuer 10 m. de chaque côté.
On a à nouveau 18 m. Tricoter 14 rgs tout droit puis arrêter les 2 m. centrales et continuer sur les 8 m. de gauche pendant 12 rgs et arrêter les m.
Reprendre les 8 m. de droite et tricoter 12 rgs puis arrêter les m.
Tricoter un second morceau semblable.

### TÊTE

Se commence par le haut.
Monter 28 m., aig. n° 3,5, coloris Églantine, tricoter 14 rgs en Jersey envers puis tricoter les m. ens. 2 par 2. On a 14 m. Au rang suivant, tricoter à nouveau les m. ens. 2 par 2.
Passer un fil dans les 7 m. restantes et serrer.

### OREILLE

Monter 6 m., aig. n° 3,5, coloris Bengale, tricoter en Point mousse en augmentant 2 x 1 m. de chaque côté ts les 2 rgs. On a 10 m. À 2 cm de hauteur (10 rgs), tricoter les m. ens. 2 par 2, passer un fil dans les 5 m. restantes et serrer.
Tricoter une seconde oreille semblable.
Fermer la tête à l'arrière et au-dessus par une couture invisible. Bourrer.
Coudre les oreilles de chaque côté sur l'arrière.
Broder le visage avec le coloris Bengale (voir schéma).
Plier le corps en 2 (Jersey envers = endroit du travail). Coudre les jambes, les côtés et les dessous de bras en laissant une ouverture pour bourrer.
Bourrer et fermer par une couture invisible. Fixer la tête.
Nouer 35 cm de ruban à pois autour du cou.

# 24

## CHIC AU CHAUD

Manteau à capuche, Écharpe et
Moufles au Point mousse avec Torsades.
Qualité PARTNER 3,5

## 24 CHIC AU CHAUD

**FOURNITURES**

Qualité PARTNER 3,5 (50 % polyamide, 25 % acrylique, 25 % laine peignée) : coloris Acier 2 (4) pelotes, coloris Blanc 1 (1) pelote • Aig. n° 3 et 3,5 • Crochet n° 3 • Aiguille à torsade • 6 boutons

Taille PM (GM)

**POINTS**

- Point mousse
- Jersey
- Torsades 2 mailles croisées vers la gauche :

1er, 3e et 5e rg (env. du trav.) : 4 m. env.
2e, 6e rg : 4 m. end.
4e rg : glisser 2 m. sur une aig. à torsade placée devant, tric. les 2 m. suivantes à l'end. puis les 2 m. de l'aig. à torsade. Répéter ces 6 rgs.

- Torsades 2 mailles croisées vers la droite :

1er, 3e et 5e rg (env. du trav.) : 4 m. env.
2e et 6e rg : 4 m. end.
4e rg : glisser 2 m. sur une aig. à torsade placée derrière, tric. les 2 m. suivantes à l'end. puis les 2 m. de l'aig. à torsade. Répéter ces 6 rgs.

- Diminution simple à 7 mailles des bords :

À droite : 2 m. env., 4 m. torsade vers la droite, 1 m. env. , 2 m. ens. à l'end.
À gauche : tric. ttes les m. sauf 9, 1 surjet simple (glisser 1 m. à l'end., tric. la m. suivante à l'end., passer la m. glissée sur la m. tricotée), 1 m. env, 4 m. torsade vers la gauche et 2 m. env.

- Diminution simple à 1 maille des bords :

À droite : 1 m. end., 2 m. ens. à l'end.
À gauche : tric. ttes les m. sauf 3, 1 surjet simple, 1 m. end.

- Maille en l'air (m.l) = chaînette

**ÉCHANTILLON**

Aiguilles n° 3,5 PARTNER 3,5 en Point mousse 10 cm = 23 m. et 48 rgs

**MANTEAU À CAPUCHE**

**DOS**

Monter 44 (60) m. aig. n° 3,5, coloris Acier, tricoter en Point mousse.
À 9 (13) cm de hauteur totale, former le raglan en diminuant de chaque côté 1 x 2 m. puis tricoter en Torsades et Point mousse en plaçant les m. de la façon suivante : 2 m. env., 4 m. Torsade vers la droite, 1 m. env., 26 (42) m. Point mousse, 1 m. env., 4 m. Torsade vers la gauche, et 2 m. env.
En même temps, diminuer de chaque côté ts les 2 rgs à 7 m. des bords : 12 x 1 m. (20 x 1 m.).
À 17 (24) cm de haut. tot., arrêter les 16 (16) m. restantes.

**DEMI-DEVANT DROIT**

Monter 30 (43) m. aig. n° 3,5, coloris Acier, tricoter en Point mousse.
À 7 (12) cm de hauteur totale, former un groupe de 2 boutonnières d'1 (2) m., la 1re à 3 m. du bord droit, la seconde espacée de 6 (9) m.
À 9 (13) cm de haut. tot., former le raglan en diminuant à gauche 1 x 2 m. puis tricoter en Torsades et Point mousse en plaçant les m. de la façon suivante : 21 (34) m. Point mousse, 1 m. env., 4 m. Torsade vers la gauche, 2 m. env.
En même temps, diminuer à 7 m. du bord gauche ts les 2 rgs : 12 x 1 m. (20 x 1 m.).

Entretemps, à 11 (16,5) cm de haut. tot., former un groupe de 2 boutonnières d'1 (2) m., la 1re à 3 m. du bord droit, la seconde espacée de 6 (9) m.
Entretemps, à 15 (21) cm de haut. tot., former un groupe de 2 boutonnières d'1 (2) m., la 1re à 3 m. du bord droit, la seconde espacée de 6 (9)m.
Entretemps, à 16 (22) cm de haut. tot., former l'encolure en rab. à droite ts les 2 rgs :
1 x 11 m., 1 x 3 m., 1 x 2 m. (1 x 15 m., 3 x 1 m.).
À 17 (24) cm, de haut. tot., rab. les 2 m. restantes.
Tricoter le demi-devant gauche en sens inverse.

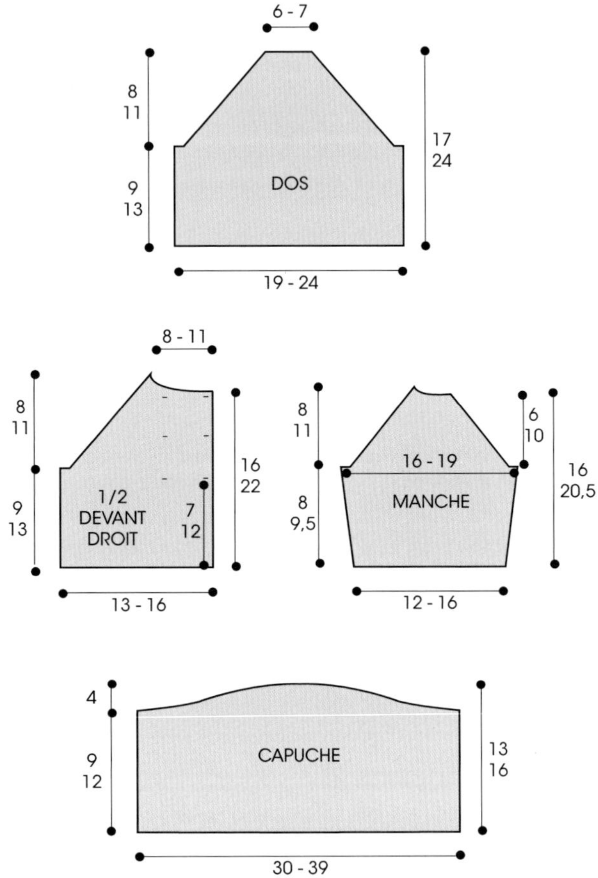


**MANCHE**

Monter 28 (38) m. aig. n° 3,5, coloris Acier, tricoter en Point mousse en augmentant de chaque côté ts les 6 rgs : 5 x 1 m. (6 x 1 m.). On a 38 (50) m.
À 8 (9,5) cm de hauteur totale, former le raglan en rabattant de chaque côté ts les 2 rgs :
1 x 2 m., puis diminuer à 1 m. des bords ts les 2 rgs : 12 x 1 m. (20 x 1 m.).
À 14 (19) cm de haut. tot., rab. à droite : 2 x 2 m., 1 x 1 m. (2 x 1 m.).
En même temps, diminuer à gauche à 1 m. du bord ts les 2 rgs : 2 x 1 m.
À 16 (20,5) cm de haut. tot., arrêter les 3 (2) m. restantes.
Tricoter une seconde manche semblable.

**CAPUCHE**

Monter 69 (92) m. aig. n° 3,5, tricoter en Point mousse.
À 9 (12) cm de hauteur totale, rabattre de chaque côté ts les 2 rgs : 1 x 2 m., 5 x 1 m. (1 x 2 m., 7 x 1 m.).
À 13 (16) cm de haut. tot., arrêter les 55 (74) m. restantes souplement.

Monter les manches au corps par le raglan (le plus petit côté correspond au devant).
Faire les coutures des côtés et des dessous de manches.
Fermer le fond de la capuche et la coudre autour de l'encolure.
Coudre les boutons sur le demi-devant gauche.

TORSADE MANTEAU

à gauche

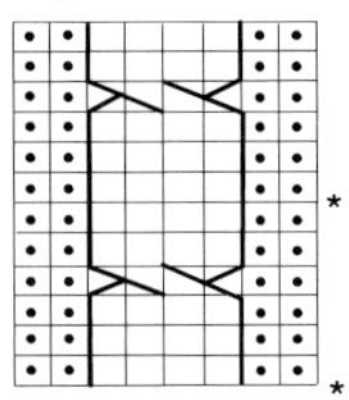


Répéter de * à *.

☐ m. endroit
⊡ m. envers
2 m. croisées à gauche

à droite

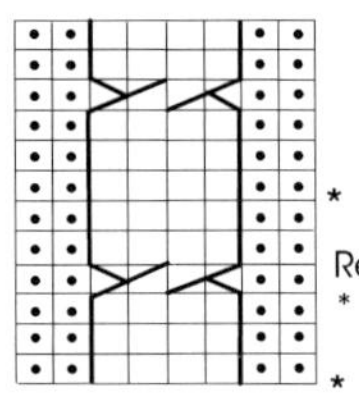


Répéter de * à *.

☐ m. endroit
⊡ m. envers
2 m. croisées à droite

**ÉCHARPE**

Taille PM 6 x 42 cm (GM 8,5 x 60 cm)

**POINTS**

- Point mousse
- Torsades 2 mailles croisées vers la gauche :

1er, 3e et 7e rg (end. du trav.) : 4 m. end.
2e et ts les rgs pairs : 4 m. env.
5e rg : glisser 2 m. sur une aig. à torsade placée devant, tric. les 2 m. suivantes à l'end. puis les 2 m. de l'aig. à torsade.
Répéter ces 8 rgs.

Monter 22 (28) m. aig. n° 3,5, coloris Blanc, tricoter en Point torsade en répartissant les m. ainsi : 1 m. Point mousse, 2 (3) m. env., 4 m. end. (torsade), 2 m. env., 4 m. end. (torsade), 2 m. env., 4 m. end. (torsade), 2 m. env., (4 m. end., 3 m. env.), 1 m. Point mousse.
Tricoter en Point torsades pendant 31 (44) cm.
À 31 (44) cm de haut. tot., séparer le travail en 2, mettre les 11 (14) dernières m. en attente et continuer sur les 11 (14) m. de droite pendant 3,5 (4) cm.
À 34,5 (48) cm de haut. tot., laisser ces 11 (14) m. en attente et reprendre les 11 (14) m. de gauche, tric. pendant 3,5 (4) cm.
À 34,5 (48) cm de haut. tot., reprendre toutes les m., tric. pendant 7,5 (12) cm.
À 42 (60) cm de haut. tot., arrêter les mailles.
Faire 10 (12) franges à chaque bout avec 2 brins de laine de 7 (9) cm. Égaliser.

**MOUFLES**

**POINTS**

- Point mousse
- Côtes 1/1

Monter 23 (27) m. aig. n° 3, col. Blanc, tricoter en Côtes 1/1 pendant 1,5 (2) cm.
Continuer en Point mousse, aig. n° 3,5.
À 5,5 (7) cm de hauteur totale, tricoter les m. ensemble 2 par 2, il reste 12 (14) m. Tricoter 1 rg en Point mousse, passer le fil dans les m. et serrer.
Tricoter une seconde moufle semblable.
Faire une chaînette de 5 (7) cm, crochet n° 3, pour accrocher chaque moufle au bas de chaque manche.

TORSADE ÉCHARPE

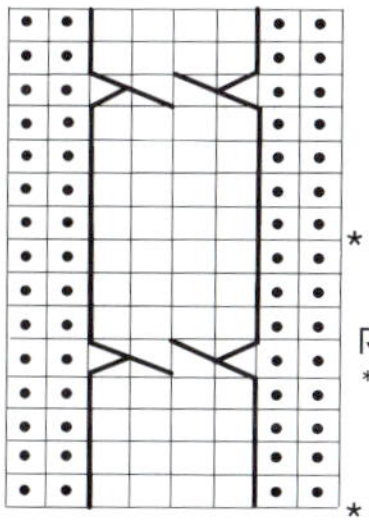

Répéter de
* à *.

☐ m. endroit
⊡ m. envers
2 m. croisées à gauche tous les 8 rangs

# 25

## PETIT MOUSSE

T-shirt, Short et Bob en Jersey
et Point mousse.
Qualité PHIL COTON 3

26

## À L'ABORDAGE

Caban, Bonnet et Écharpe au Point de blé, Jersey et Côtes 1/1.
Accessoires en Côtes 2/2.
Qualité PARTNER 3,5

## 25 PETIT MOUSSE

**FOURNITURES**

Qualité PHIL COTON 3 (100 % coton) : coloris Blanc 1 (2) pelotes, coloris Marine 1 (2) pelotes, coloris Rouge 1 (1) pelote • Aig. n° 2,5 et 3 • 3 boutons rouges

Taille PM (GM)

**POINTS**

- Point mousse
- Jersey
- Jersey rayé : *2 rgs col. Blanc, 2 rgs col. Marine*, répéter ces 4 rgs.

**ÉCHANTILLON**

Aiguilles n° 3 PHIL COTON 3 en Jersey 10 cm = 24 m. et 35 rgs

**T-SHIRT**

Se tricote en un seul morceau.
Monter 44 (57) m. aig. n° 3, coloris Blanc, tricoter 1 cm (4 rgs) en Point mousse = 2 barres mousse. Continuer avec les aig. n° 3 en Jersey rayé.
Après 5 (6) rayures coloris Marine, poursuivre en Jersey avec le coloris Blanc.
À 8 (10) cm de hauteur totale, former les manches en augmentant 10 (14) m. de chaque côté en plaçant 3 m. Point mousse à chaque extrémité = bordure manche. On a 64 (85) m.
À 13 (16) cm de haut. tot., tricoter ainsi : 3 m. Point mousse, 17 (26) m. Jersey, 24 (27) m. Point mousse, 17 (26) m. Jersey, 3 m. Point mousse.
Tricoter ainsi pendant 1 cm = 2 barres mousse.
À 14 (17) cm de haut. tot., arrêter les 18 (23) m. centrales puis continuer chaque côté séparément sur 23 (28) m. en plaçant 3 m. Point mousse en bordure d'encolure.
À 16,5 (21,5) cm de haut. tot., ajouter 9 (12) m. au milieu du dos. On a 32 (40) m.
Tricoter ainsi pendant 1 cm = 2 barres mousse : 12 (15) m. Point mousse, 17 (22) m. Jersey, 3 m. Point mousse. Continuer en plaçant 3 m. à chaque extrémité en Point mousse le long de la bordure milieu dos et en bordure de manche.
À 21 (27) cm, rabattre les 10 (14) m. de gauche (manche), mettre les 22 (28) m. en attente, reprendre l'autre côté en vis-à-vis sur les 29 m. en attente.
À 21 (27) cm, reprendre les m. en attente, continuer sur les 44 (57) m., 4 rgs en Jersey en plaçant 6 m. Point mousse au milieu du dos en prolongement des bordures dos.
Continuer tout droit en Jersey rayé : 5 (6) rayures Marine puis 2 rgs Jersey blanc.
À 29 (39) cm de haut. tot., tricoter 1 cm en Point mousse coloris Blanc = 2 barres mousse.
À 30 (40) cm, arrêter les m.
Coudre les côtés et les dessous de manches.
Coudre 3 boutons rouges devant.
Faire une bride derrière et coudre 1 bouton.

**SHORT**

Monter 44 (50) m. aig. n° 3, coloris Marine, tricoter 1 cm (4 rgs) en Point mousse = 2 barres mousse. Continuer en Jersey.
À 5 (6,5) cm de hauteur totale, former l'entrejambe en augmentant de chaque côté ts les 2 rgs : 1 x 2 m., 1 x 1 m. (1 x 2 m., 1 x 1 m.). On obtient 50 (56) m.
À 13 (20,5) cm de hauteur totale, continuer en Côtes 2/2, aig. n° 2,5.
À 15 (23,5) cm, arrêter les mailles.
Tricoter la seconde jambe.

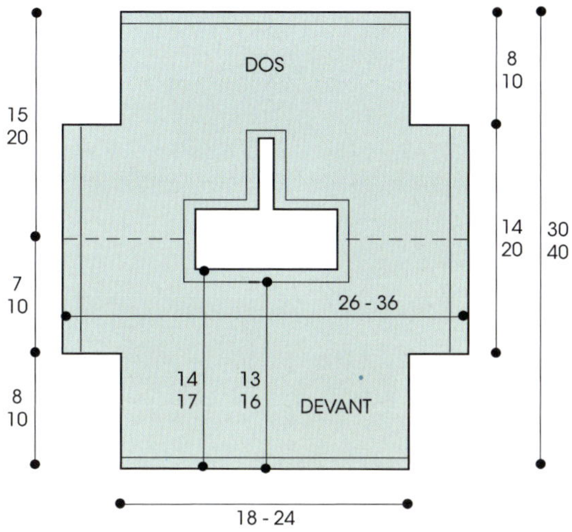

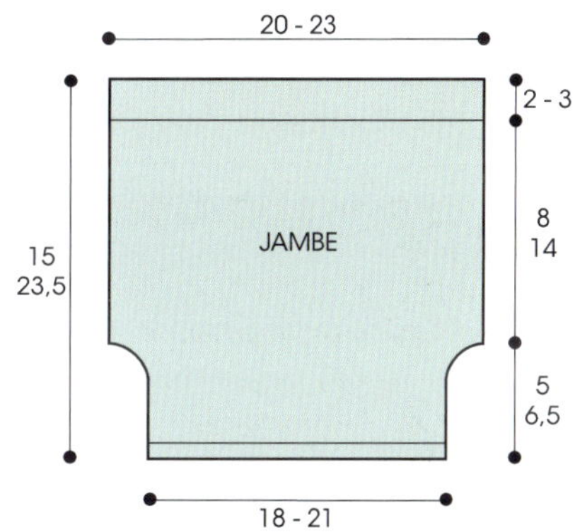


**POCHE**

Monter 15 (17) m. aig. n° 3, coloris Rouge, tricoter en Jersey. À 4,5 (5) cm de hauteur totale, tricoter 1 cm (4 rgs) en Point mousse = 2 barres mousse, puis rabattre les mailles.

Tricoter une seconde poche semblable.

Faire les coutures des côtés et d'entrejambe. Coudre les poches sur les devants.

**BOB**

Monter 100 (126) m. aig. n° 3, coloris Rouge, tricoter 1 cm (4 rgs) en Point mousse = 2 barres mousse. Tricoter 2 (4) rgs en Jersey puis continuer de la façon suivante : 7 (6) m. end., *2 m. ensemble à l'end., 10 (12) m. end.*, répéter de * à * et terminer par 7 (6) m. end. On a 92 (117) m.

4 (6) rgs plus haut : tricoter 6 (5) m. end., *2 m. ensemble à l'end., 9 (11) m. end.*, répéter de * à * et terminer par 7 (6) m. end. On a 84 (108) m.

4 (6) rgs plus haut : tricoter 5 (4) m. end., *2 m. ensemble à l'end., 8 (10) m. end.*, répéter de * à * et terminer par 7 (6) m. end. On a 76 (99) m.

Tricoter 1 rg end. sur l'envers = 1 barre mousse.

Continuer en Jersey.

À 9 (12) cm de hauteur totale, tricoter 9 (10) m. end., *3 m. ensemble à l'end., 6 (8) m. end.*, répéter de * à * et terminer par 9 (9) m. end. On a 61 (83) m.

4 rgs plus haut : tricoter 8 (9) m. end., *3 m. ensemble à l'end., 4 (6) m. end.*, répéter de * à * et terminer par 9 (8) m. end.

On a 47 (67) m.

4 rgs plus haut : tricoter 1 (8) m. end., *3 m. ensemble à l'end., 2 (4) m. end.*, répéter de * à * et terminer par 3 (7) m. end. On a 29 (51) m.

2 rgs plus haut : tricoter 1 (2) m. end., *3 m. ensemble à l'end.*, répéter de * à * et terminer par 1 m. end. (*3 m. ensemble à l'end., 2 m. end.*, répéter de * à * et terminer par 1 m.).

On a 11 (31) m.

**Taille PM :** Tricoter 1 rg env. sur l'env. et passer un fil dans les mailles.

**Taille GM :** Tricoter 1 m. end., *3 m. ens.*, répéter de * à * tout le rg. Il reste 11 m.

Tricoter 1 rg env. sur l'env. et passer un fil dans les mailles.

## 26 À L'ABORDAGE

**FOURNITURES**
Qualité PARTNER 3,5 (50 % polyamide, 25 % acrylique, 25% laine peignée) : coloris Marine 2 (3) pelotes, coloris Blanc 1 (1) pelote, coloris Rouge 1 (1) pelote • Aig. n° 3,5 • 4 boutons

Taille PM (GM)

**POINTS**
- Point mousse
- Jersey
- Côtes 1/1
- Côtes 2/2
- Point de blé : nombre de m. impair

R1 : *1 m. end., 1 m. env.*, répéter de * à *.
R2 et R4 : tricoter les m. comme elles se présentent.
R3 : *1 m. env., 1 m. end.*, répéter de * à *.
Répéter toujours ces 4 rgs. On contrarie les m. ts les 2 rgs.

**ÉCHANTILLONS**
Aiguilles n° 3,5 PARTNER 3,5 en Jersey 10 cm = 23 m. et 30 rgs
Aiguilles n° 3,5 PARTNER 3,5 en Côtes 2/2 10 cm = 30 m. et 33 rgs (échantillon compté légèrement étiré)

**VESTE**
**DOS**
Monter 45 (55) m. aig. n° 3,5, coloris Marine, tricoter en Côtes 1/1 pendant 2 (3) cm. Continuer en Jersey.
À 10 (15) cm de hauteur totale, tricoter au Point de blé en répartissant 5 augm. On a 50 (60) m.
À 11 (16) cm de haut. tot., former les emmanchures en diminuant de chaque côté ts les 2 rgs : 2 x 2 m., 1 x 1 m. (1 x 3 m., 1 x 2 m., 2 x 1 m.). On a 40 (46) m.
À 18 (24) cm de haut. tot., arrêter les 18 (21) m. centrales et continuer chaque épaule séparément.
À 19 (25) cm de haut. tot., arrêter les 11 (13) m. d'épaule, faire de même pour l'autre épaule.

**DEMI-DEVANT DROIT**
Monter 31 (37) m. aig. n° 3,5, coloris Marine, tricoter en Côtes 1/1 et Point de blé en répartissant les mailles ainsi : 12 (14) m. Point de blé et 19 (23) m. en Côtes 1/1 (en commençant par 1 m. env.).
À 2 (3) cm de hauteur totale, continuer ainsi : 13 (15) m. Point de blé, 18 (22) m. en Jersey.
À 10 (15) cm de haut. tot., tricoter au Point de blé en répartissant 3 augm. On a 34 (40) m.
À 11 (16) cm de haut. tot., former les emmanchures en diminuant de chaque côté ts les 2 rgs : 2 x 2 m., 1 x 1 m. (1 x 3 m., 1 x 2 m., 2 x 1 m.). On a 29 (35) m.
À 16 (22) cm de haut. tot., marquer la 6e (8e) m. avec un fil de couleur, arrêter les 11 (14) premières m. et diminuer pour l'encolure tous les 2 rgs : 1 x 3 m., 1 x 2 m., 2 x 1 m. (1 x 3 m., 3 x 2 m., 1 x 1 m.).
À 19 (25) cm de haut. tot., arrêter les 11 (13) m. d'épaule.
Tricoter le demi-devant gauche en vis-à-vis en formant les boutonnières ainsi :
à 5 (7) cm de haut. tot., former 2 boutonnières d'1 m., la 1re à 3 m. du bord et la suivante espacée de 5 (7) m.
À 10 (14) cm de haut. tot., former 2 boutonnières d'1 m., la 1re à 3 m. du bord et la suivante espacée de 5 (7) m.

**MANCHE**
Monter 31 (39) m. aig. n° 3,5, coloris Marine, tricoter en Point de blé. À 2 (3) cm de hauteur totale, continuer en Jersey en répartissant 3 dim. sur le 1er rg. On a 28 (36) m.

À 2 (3) cm de hauteur après le Point de blé, augmenter 1 x 1 m. de chaque côté puis 2 x 1 m. ts les 8 (12) rgs. On a 34 (42) m.
À 13 (18) cm de haut. tot., former les emmanchures en diminuant de chaque côté ts les 2 rgs : 1 x 3 m., 2 x 2 m., 1 x 1 m. (1 x 4 m., 1 x 3 m., 1 x 2 m., 2 x 1 m.).
À 17 (21) cm de haut. tot., arrêter les 18 (20) m. restantes.
Tricoter une seconde manche semblable.

**COL**

Monter 53 (61) m. aig. n° 3,5, tricoter en Côtes 1/1 en commençant et terminant le 1er rg et tous les rgs impairs (end. du travail) par 2 m. env.
À 4 (5) cm de hauteur totale, former le pied de col en laissant en attente de chaque côté ts les 2 rgs : 3 x 3 m. (4 x 3 m.) puis faire 1 rg sur toutes les mailles.
Tric. quelques rgs de Jersey d'un autre coloris, il suffira de les détricoter au moment du montage pour retrouver le coloris de base.
Assembler le dos et les devants par les coutures d'épaules.
Assembler les manches autour des emmanchures, puis faire les coutures des côtés et des dessous de manches en inversant sur 2 (3) cm de Point de blé pour le revers.
Coudre le col, maille par maille, à points arrière, sur l'endroit du travail en plaçant les extrémités au niveau de la maille marquée. Coudre les boutons.

**ÉCHARPE**

Taille PM 6 x 45 cm (GM 8 x 65 cm)
Monter 22 (30) m. aig. n° 3,5, coloris Blanc, tricoter en Côtes 2/2 rayées ainsi :
*4 rgs Blanc, 2 rgs Rouge*, répéter toujours ces 6 rgs.
À 45 (65) cm de hauteur totale, arrêter les mailles après les 4 derniers rangs coloris Blanc.

**BONNET**

Monter 72 (82) m. aig. n° 3,5, coloris Blanc, tricoter en Côtes 2/2 rayées ainsi :
*4 rgs Blanc, 2 rgs Rouge*, répéter ces 6 rgs : 2 fois puis tric. 4 rgs coloris Blanc et continuer en coloris Rouge en commençant et terminant le 1er rg et ts les rgs impairs (end. du travail) par 2 m. end.
À 12 (14) cm de hauteur totale, tricoter les m. envers ensemble 2 par 2, il reste 54 (61) m.
4 rgs plus haut : tric. les m. endroit ensemble 2 par 2, il reste 36 (41) m.
4 rgs plus haut : tric. 1 m. end. puis les m. ens. 2 par 2, il reste 18 (20) m.
2 rgs plus haut : tric. les m. ensemble 2 par 2, il reste 9 (10) m.
2 rgs plus haut : passer le fil dans les m. et serrer.
Fermer le bonnet par une couture invisible en inversant la couture sur 4 cm pour le revers.

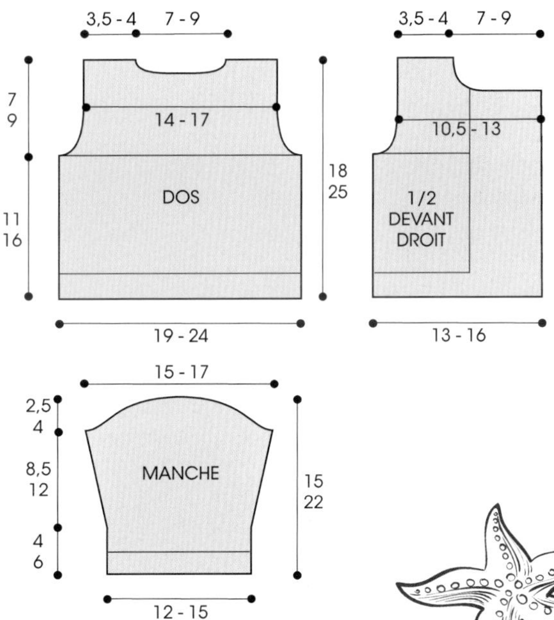

# 27

## TENUE DE PRINTEMPS

Robe tunique, Culotte et Chapeau en Jersey, Point mousse, Jours et Côtes 2/2 - Fleurs au crochet.
Qualité PHIL COTON 3

## 27 TENUE DE PRINTEMPS

**FOURNITURES**

Qualité PHIL COTON 3 (100 % coton) : coloris Œillet 3 (4) pelotes, coloris Pistache 1 (1) pelote, coloris Blanc 1 pelote, coloris Citron 1 pelote ou un peu • Aig. n° 2,5 et 3 • Crochet n° 3 • 2 boutons roses • Lastex transparent

Taille PM (GM)

**POINTS**

- Point mousse
- Jersey
- Côtes 1/1
- Côtes 2/2
- Point ajouré :

R1 : 2 m. end., *2 m. ens. à l'end., 1 jeté, 2 m. end.*, répéter de * à *.
R2, R4, R6, R8 : à l'envers.
R3, R7 : à l'endroit.
R5 : 4 m. end., *2 m. ens. à l'end., 1 jeté, 2 m. end.*, répéter de * à *.
Répéter ces 8 rgs.

- Maille en l'air (m.l)
- Maille coulée (m.c)
- Maille serrée (m.s)
- Demi-bride (db)
- Bride (b)

**ÉCHANTILLON**

Aiguilles n° 3 PHIL COTON 3 en Jersey 10 cm = 24 m. et 35 rgs

**TUNIQUE**

**DEVANT**

Monter 123 (141) m. aig. n° 3, coloris Œillet, tricoter 1 cm (4 rgs) en Point mousse = 2 barres mousse. Continuer 2 rgs en Jersey puis 1 rg de Jours : 2 m. end., *2 m. ens., 1 jeté, 2 m. end.*, répéter de * à * sur tout le rg, terminer par 2 m. end. Poursuivre en Jersey.

À 2,5 (3) cm de hauteur totale, tricoter les m. ens. 2 par 2. On a 62 (71) m.

Continuer 4 rgs en Jersey puis en Point ajouré en diminuant de ch. côté ts les 10 (12) rgs : 3 x 1 m., (3 x 1 m.). On a 56 (65) m.

À 12,5 (15,5) cm de haut. tot., continuer en Côtes 2/2 en dim. 0 (1) m. sur le 1er rg et en plaçant 3 m. end. à chaque extrémité. On a 56 (64) m.

À 14 (17,5) cm de haut. tot., diminuer de chaque côté pour les emmanchures ts les 2 rgs : 2 x 2 m., 2 x 1 m. (1 x 3 m., 2 x 2 m., 1 x 1 m.). On a 44 (48) m.

À 18 (22,5) cm de haut. tot., arrêter les 6 (8) m. centrales puis continuer chaque côté séparément sur les 19 (20) m. de gauche en dim. côté encolure ts les 2 rgs : 1 x 4 m., 2 x 1 m. (1 x 3 m., 2 x 1 m.). On a 13 (15) m.

À 21 (26,5) cm de haut. tot., arrêter les 13 (15) m. d'épaule. Tricoter l'autre côté en sens inverse.

**DOS**

Se commence comme le devant.

À 13,5 (17 cm) de hauteur totale, séparer le travail en 2 en dim. 0 (1) m. centrale et continuer sur les 28 (32) m. de gauche.

À 14 (17,5) cm de haut. tot., diminuer côté emmanchure ts les 2 rgs : 2 x 2 m., 2 x 1 m. (1 x 3 m., 2 x 2 m., 1 x 1 m.). On a 22 (24) m.

À 19 (24,5) cm de haut. tot., arrêter les 9 (9) m. de droite. On a 13 (15) m.

À 21 (26,5) cm de haut. tot., arrêter les 13 (15) m. d'épaule.

Tricoter l'autre côté en sens inverse.

Coudre les épaules.

**Volant de manche :** Relever 40 (50) m. au bord des emmanchures dos et devant, aig. n° 3, coloris Œillet, tricoter en Jersey en doublant les mailles sur le 1er rg. On a 80 (100) m.

À 1,5 (2) cm de haut. tot., tric. 2 rgs en Point mousse = 1 barre mousse et arrêter les mailles.

Tricoter le second volant de manche semblable.

Coudre les côtés et les dessous de manches.

**Bordure boutonnage dos :** Avec le crochet n° 3, coloris Œillet, crocheter 1 rg en m.s autour de l'ouverture dos en faisant 2 boutonnières de 3 m.l. Coudre 2 boutons roses.

**Bordure encolure :** Relever 56 (66) m. aig. n° 3, coloris Œillet, autour de l'encolure, et tricoter 1 rg end. sur l'env. puis arrêter les mailles.

**Fleur n° 1 :** Faire une chaînette de 4 m.l, crochet n° 3, coloris Citron, fermer par 1 m.c.

R1 : 2 m.l pour 1 demi-bride, 9 db, fermer par 1 m.c.

R2 : coloris Blanc, 1 m.s, *3 m.l, sauter 1 m., 1 m.s*, répéter de * à * 5 fois en tout et terminer par 1 m.c.

R3 : dans chaque arceau de 3 m. *1 m.s, 4 db, 1 m.s*, répéter 5 fois en tout.

Coudre sur le devant de la tunique.

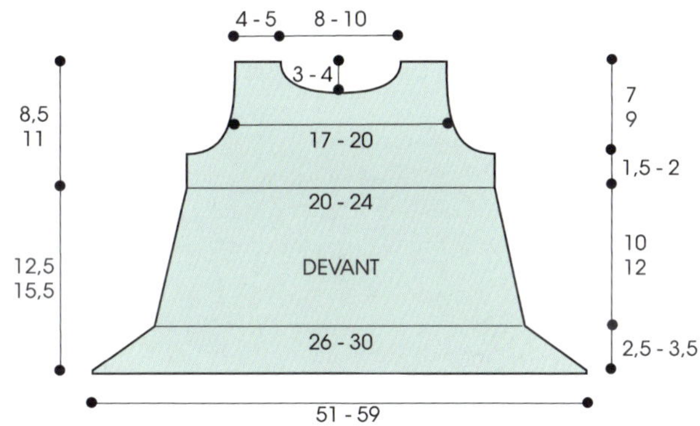


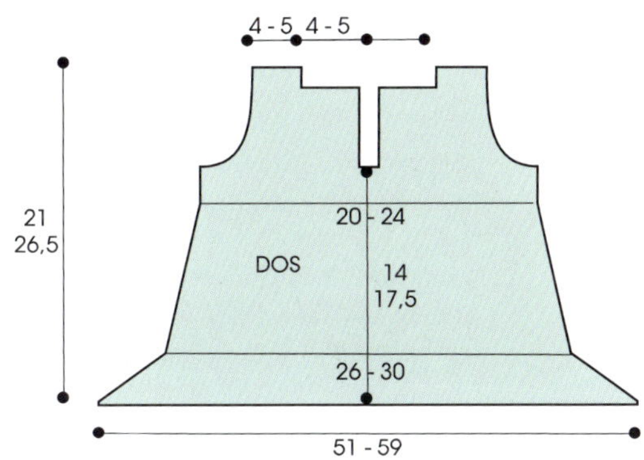

**CULOTTE**

Se commence par une jambe.

Monter 86 (96) m. aig. n° 3, coloris Œillet, tricoter 1 cm (4 rgs) en Point mousse = 2 barres mousse. Continuer 2 rgs en Jersey puis 1 rg de Jours : 1 m. end., *2 m. ens., 1 jeté, 2 m. end.*, répéter de * à * sur tout le rg, terminer par 1 m. end.

Poursuivre en Jersey.

À 2,5 (3) cm de hauteur totale, tricoter les m. ens. 2 par 2. On a 43 (48) m.

Tricoter 2 rgs en Jersey puis augm. ainsi : *1 m. end., tric. 2 m. dans 1 m.*, répéter de * à *. On a 64 (72) m.

À 8,5 (9) cm de haut. tot., former l'entrejambe en augmentant de chaque côté ts les 2 rgs : 1 x 1 m., 1 x 2 m. (1 x 1 m., 1 x 3 m.). On obtient 70 (80) m.

À 15,5 (23) cm de haut. tot., continuer en Côtes 1/1, aig. n° 2,5, en dim. ainsi :

1 m. end., *2 m. ens. à l'end., 3 m. end.*, répéter de * à * (*1 m. end., 2 m. ens. à l'end., 2 m. end.*, répéter de * à *). On a 56 (65) m.

À 17,5 (26) cm, arrêter les mailles.

Tricoter une seconde jambe semblable.

Faire les coutures des côtés et d'entrejambe.

Passer du lastex au niveau du volant du bas de chaque jambe et dans la taille si nécessaire.

**CHAPEAU**

Monter 123 (153) m. aig. n° 3, coloris Pistache, tricoter 1 cm (4 rgs) en Point mousse = 2 barres mousse. Tricoter 8 (12) rgs en Jersey puis continuer de la façon suivante :

2 m. end., *2 m. ens., 1 m. end.*, répéter de * à * et terminer par 2 m. end.

Il reste 82 (124) m.

À 7,5 (9) cm de hauteur totale, tric. 3 (4) m. end., *3 m. ens. à l'end., 7 (8) m. end.*, répéter de * à * et terminer par 7 (8) m. end. Il reste 67 (85) m.

4 rgs plus haut : tric. 2 (3) m. end., *3 m. ens. à l'end., 5 (6) m. end.*, répéter de * à * et terminer par 6 (7) m. end. Il reste 51 (67) m.

4 rgs plus haut : tric. 1 (2) m. end., *3 m. ens. à l'end., 4 (5) m. end.*, répéter de * à * et terminer par 5 (6) m. end. Il reste 35 (49) m.

4 rgs plus haut : tric. 0 (1) m. end., *3 m. ens. à l'end., 3 (4) m. end.*, répéter de * à * et terminer par 4 (5) m. end. Il reste 19 (31) m.

4 rgs plus haut : tric. 1 m. end., 3 m. ens. sur tout le rg. On a 7 (11) m.

Passer un fil dans les mailles restantes.

Coudre l'arrière du chapeau.

Crocheter une fleur n° 1 et une fleur n° 2 et les coudre sur le chapeau.

**Fleur n° 2 :** Faire une chaînette de 4 m.l, crochet n° 3, coloris Blanc, fermer par 1 m.c.

R1 : 1 m.l pour 1 m.s, 9 m.s, fermer par 1 m.c.

R2 : coloris Œillet, *3 m.l pour 1 bride, 1 b, 3 m.l dans une maille, 1 m.c dans la même maille, 1 m.c*, répéter de * à * 5 fois en tout. Arrêter.

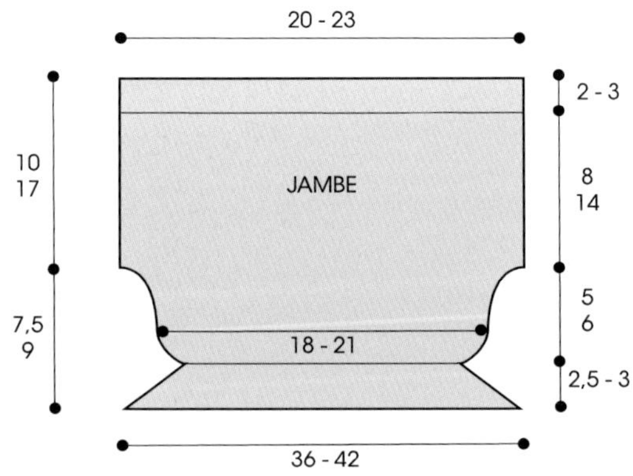

# 28

## COMME UN CŒUR

Combinaison et Coussin cœur en
Jersey et au Point mousse.
Qualité SUPER BABY

# 28 COMME UN CŒUR

**FOURNITURES**
Qualité SUPER BABY (70 % acrylique et 30 % laine d'agneau) : coloris Flanelle 2 (4) pelotes, coloris Rose 1 (1) pelote • Aig. n° 2,5 et 3 • 4 (5) boutons

Taille PM (GM)

**POINTS**
- Point mousse
- Jersey
- Augmentation intercalaire : piquer l'aig. gauche sous le fil reliant la m. que l'on vient de tric. et la m. suivante. Dans la boucle formée, faire une m. end. en piquant l'aig. droite sous le brin arrière de la boucle.

**ÉCHANTILLON**
Aiguilles n° 3 SUPER BABY en Jersey 10 cm = 30 m. et 40 rgs

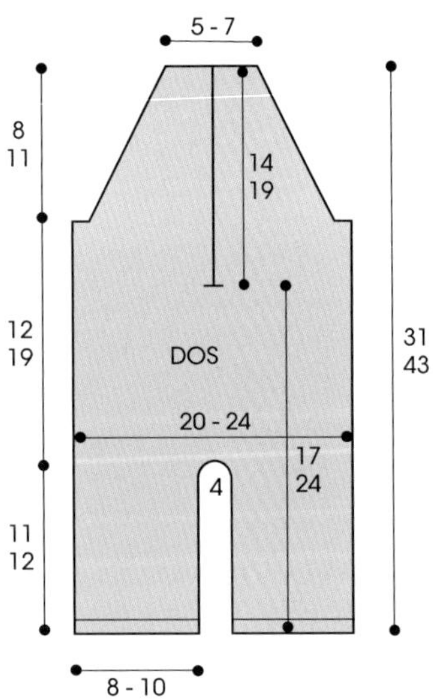


**COMBINAISON**
**DOS**
Se commence par une demi-jambe.
Monter 27 (32) m. aig. n° 2,5, coloris Rose, tricoter 1 cm (5 rgs) en Point mousse = 3 barres mousse. Continuer avec les aig. n° 3 en Jersey coloris Flanelle.
À 9 (9,5) cm de hauteur après le Point mousse, former l'entrejambe en augmentant à droite ts les 2 rgs : 1 x 1 m., 1 x 2 m. (2 x 1 m., 1 x 2 m.).
À 10 (11) cm de haut. après le Point mousse, laisser les 30 (36) m. en attente.
Tricoter la seconde demi-jambe en sens inverse. Réunir les 2 demi-jambes. On a 60 (72) m.
Continuer en Jersey aig. n° 3.
À 16 (23) cm de haut. après le Point mousse, former une ouverture dos ainsi : tricoter sur les 33 (40) m. dernières mailles et laisser les 27 (32) m. de droite en attente.
À 18 (25) cm de haut. après le Point mousse, former 1 boutonnière d'1 m. à 3 m. du bord du côté séparation.
Former 3 (4) autres boutonnières en les espaçant de 3 (4) cm entre elles.
À 23 (31) cm de haut. après le Point mousse, former le raglan en rabattant côté emmanchure ts les 2 rgs : 1 x 3 m., 13 x 1 m. (1 x 3 m., 21 x 1 m.).
À 30 (42) cm de haut. après le Point mousse, arrêter les 17 (16) m. restantes.
Reprendre les 27 (32) m. de droite laissées en attente et ajouter 6 (8) m. côté séparation.
On a 33 (40) m.
À 23 (31) cm de haut. après le Point mousse, former le raglan en rabattant côté emmanchure ts les 2 rgs : 1 x 3 m., 13 x 1 m. (1 x 3 m., 21 x 1 m.).
À 30 (42) cm de haut. après le Point mousse, arrêter les 17 (16) m. restantes.

## DEVANT

Se commence comme le dos.
À 23 (31) cm de hauteur après le Point mousse, former le raglan en rabattant côté emmanchure ts les 2 rgs : 1 x 3 m., 13 x 1 m. (1 x 3 m., 21 x 1 m.).
À 27 (39) cm de haut. après le Point mousse, former l'encolure en rabattant les 10 (8) m. centrales puis continuer un côté à la fois en rab. côté encolure ts les 2 rgs : 1 x 4 m., 1 x 3 m., 1 x 2 m. (1 x 3 m., 2 x 2 m., 1 x 1 m.).
Terminer le second côté de l'encolure.

## MANCHE

Monter 34 (46) m. aig. n° 2,5, coloris Rose, tricoter 1 cm (5 rgs) en Point mousse = 3 barres mousse. Continuer avec les aig. n° 3 en Jersey coloris Flanelle, en faisant de chaque côté à 1 m. du bord ts les 4 (6) rgs : 5 x 1 m. (5 x 1 m.). On a 44 (56) m.
À 7 (9) cm de hauteur totale, former le raglan, diminuer de chaque côté ts les 2 rgs :
1 x 3 m., 13 x 1 m. (1 x 2 m., 21 x 1 m.).
Entretemps à 13 (17) cm de haut. tot., rabattre à droite ts les 2 rgs :
2 x 3 m., 1 x 4 m., 1 x 3 m. (2 x 4 m., 1 x 3 m., 1 x 2 m.).
À 15 (19) cm de haut. tot., arrêter.
Tricoter la seconde manche semblable.

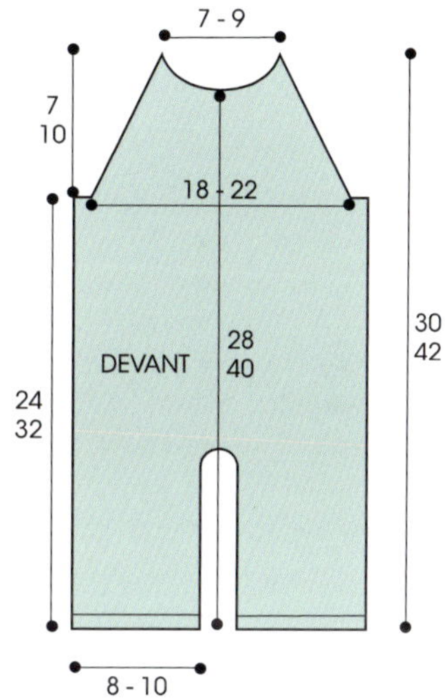


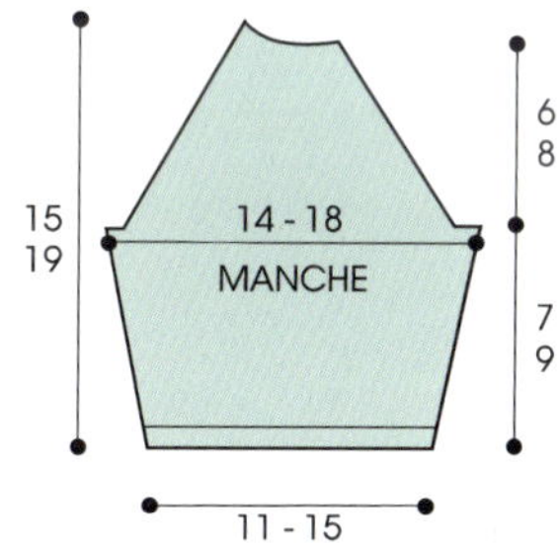

**CŒUR**

Monter 3 m., aig. n° 2,5, coloris Rose, tricoter en Point mousse ainsi :

1er et 2e rg : tout à l'endroit.

3e rg : 1 m. end., 1 augmentation intercalaire, 1 m. end., 1 augm. intercalaire, 1 m. end.

On a 5 m.

4e rg et tous les rangs pairs : tout à l'endroit.

Répéter ces augm. les unes au-dessus des autres ts les 2 rgs : 9 fois (ts les 2 rgs : 10 fois et ts les 4 rgs : 5 fois). On a 23 (35) m.

Tricoter 10 (6) rgs à l'endroit. Au rg suivant : laisser les 11 (17) dernières m. en attente, tric. sur les 12 (18) m. de droite en rab. de chaque côté 1 x 1 m. puis continuer en rab. à droite ts les 2 rgs : 3 x 1 m. (5 x 1 m.) et à gauche 4 rgs plus haut : 1 x 1 m. (1 x 1 m. et ts les 2 rgs : 1 x 1 m.). Arrêter les 7 (10) m. restantes.

Reprendre les 11(17) m. de gauche laissées en attente, en faisant 1 dim. côté séparation puis rab. à droite ts les 2 rgs : 2 x 1 m. (4 x 1 m.) et à gauche 4 rgs plus haut : 1 x 1 m. et ts les 2 rgs : 1 x 1 m. Arrêter les 7 (10) m. restantes.

Monter les manches au corps par le raglan (le plus petit côté correspond au devant).

Faire les coutures des côtés, des dessous de manches et d'entrejambe.

Coudre les boutons le long de l'ouverture dos.

Coudre le cœur au milieu du devant.

**Bande d'encolure:** monter 82 (90) m. autour de l'encolure, aig. n° 2,5, coloris Rose, tricoter en Jersey pendant 2 cm = 10 rgs. Arrêter les mailles souplement.

**COUSSIN CŒUR**

**DIMENSIONS** 15 x 15 cm (20 x 20 cm)

**FOURNITURES**

Qualité SUPER BABY (70 % acrylique et 30 % laine d'agneau) : coloris Rose 1 (1) pelote • Aig. n° 3 • Bourrage synthétique

Monter 3 m. aig. n° 3, coloris Rose, tricoter 2 rgs en Jersey, puis augmenter de chaque côté ts les 2 rgs : 3 x 3 m., 4 x 2 m., 1 x 1 m. (1 x 4 m., 3 x 3 m., 7 x 2 m., 4 x 1 m.) et 4 rgs plus haut : 3 x 1 m. (1 x 1 m.). On a 45 (67) m.

À 10 (13) cm de hauteur totale, rabattre de chaque côté 1 x 1 m. puis ts les 4 rgs : 3 x 1 m. (5 x 1 m.), ts les 2 rgs : 2 x 1 m., 1 x 2 m. (1 x 1 m., 2 x 2 m., 1 x 3 m.).

Entretemps, à 12,5 (16,5) cm de haut. tot., rabattre la m. centrale, puis cont. un côté à la fois en rab. côté séparation ts les 2 rgs : 2 x 1 m., 1 x 2 m. (3 x 1 m., 2 x 2 m., 1 x 3 m.).

À 15 (20) cm de haut. tot., rabattre les 7(9) m. restantes.

Terminer le second côté en vis-à-vis.

Tricoter une seconde face semblable.

Faire la couture autour du coussin en laissant une ouverture sur le côté.

Bourrer le coussin et fermer l'ouverture.

# 29

## BIEN À LA MAISON

Pull et Pantalon à bretelles en Jersey et au Point mousse. Qualité PARTNER BABY

# 30

## AU DODO !

Couverture et Polochon au Point mousse, Point de blé, Point de riz, Point de damier et en Jersey.
Qualités PARTNER 3,5 et PHIL DOUCE

## 29 BIEN À LA MAISON

**FOURNITURES**

Qualité PARTNER BABY (50 % polyamide, 25 % acrylique, 25 % laine peignée) : coloris Jade 2 (3) pelotes • Aig. n° 2,5 et 3 • 2 boutons

Taille PM (GM)

**POINTS**

- Point mousse
- Jersey

**ÉCHANTILLON**

Aiguilles n° 3 PARTNER BABY en Jersey 10 cm = 30 m. et 40 rgs

**PULL**

**DOS**

Monter 60 (72) m. aig. n° 2,5, coloris Jade, tricoter 1 cm (5 rgs) en Point mousse = 3 barres mousse. Continuer avec les aig. n° 3 en Point mousse et Jersey en plaçant les mailles de la façon suivante : 3 (4) m. Point mousse, 54 (64) m. Jersey, 3 (4) m. Point mousse.

Tricoter 10 rgs ainsi puis : 2 (3) m. Point mousse, 56 (66) m. Jersey, 2 (3) m. Point mousse,

2 rgs plus haut : 1 (2) m. Point mousse, 58 (68) m. Jersey, 1 (2) m. Point mousse (2 rgs plus haut : 1 m. Point mousse, 70 m. Jersey, 1 m. Point mousse).

Continuer en Jersey sur toutes les mailles.

À 9 (10) cm de hauteur totale, former les emmanchures en rabattant de chaque côté ts les 2 rgs : 2 x 2 m., 1 x 1 m. (1 x 3 m., 2 x 2 m., 1 x 1 m.). On a 50 (56) m.

À 15 (18) cm de haut. tot., arrêter les 10 (12) m. centrales puis continuer chaque côté séparément en diminuant côté encolure : 1 x 7 m. (1 x 8 m.).

À 17 (20) cm de haut. tot., arrêter les 13 (14) m. restantes.

Tricoter la seconde épaule en vis-à-vis.

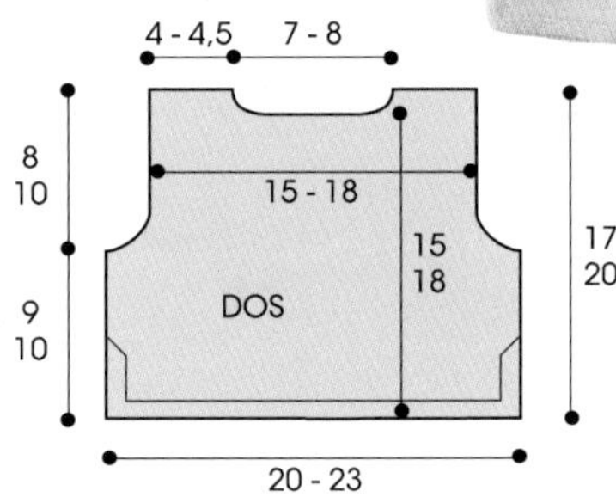

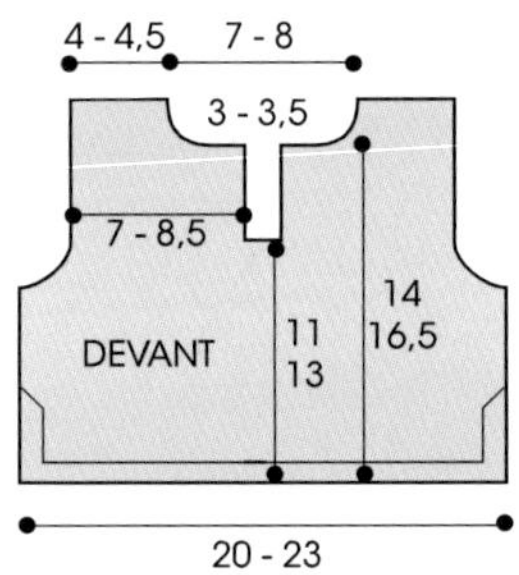


**DEVANT**

Se commence comme le dos.

À 11 (13) cm de hauteur totale, arrêter les 4 m. centrales puis continuer sur les 23 (26) m. de droite.

À 14 (16,5) cm de haut. tot., commencer les diminutions côté encolure ts les 2 rgs :

1 x 4 m., 1 x 3 m., 1 x 2 m., 1 x 1 m. (1 x 4 m., 1 x 3 m., 2 x 2 m., 1 x 1 m.).

À 17 (20) cm de haut. tot., arrêter les 13 (14) m. restantes.

Tricoter le second côté en vis-à-vis.

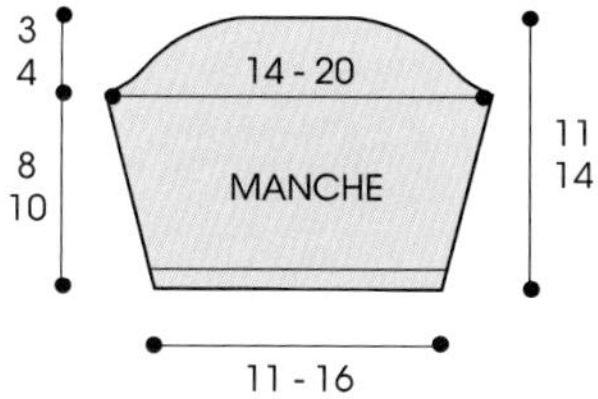


## MANCHE

Monter 34 (50) m. aig. n° 2,5, tricoter 1 cm (5 rgs) en Point mousse = 3 barres mousse.

Continuer avec les aig. n° 3 en Jersey en faisant de chaque côté à 1 m. du bord ts les 4 (6) rgs : 4 x 1 m. (5 x 1 m.). On obtient 42 (60) m.

À 8 (10) cm de hauteur totale, diminuer de chaque côté ts les 2 rgs :

1 x 4 m., 2 x 2 m., 1 x 3 m. (2 x 3 m., 3 x 2 m., 2 x 3 m.).

À 11(14) cm de haut. tot., arrêter les 20 (24) m.

Tricoter la seconde manche semblable.

Coudre les épaules.

**Bande de boutonnage :** relever 8 (12) m., aig. n° 2,5, le long de l'ouverture devant, tricoter 1 cm (5 rgs) au Point mousse = 3 barres mousse puis arrêter les mailles. Tricoter l'autre côté identique.

**Bande d'encolure :** relever 81 (89) m., aig. n° 2,5, autour de l'encolure, tricoter 1 cm (5 rgs) au Point mousse = 3 barres mousse puis arrêter les mailles.

Assembler les manches autour des emmanchures puis faire les coutures des côtés jusqu'au Point mousse (fente côté) et les dessous de manches.

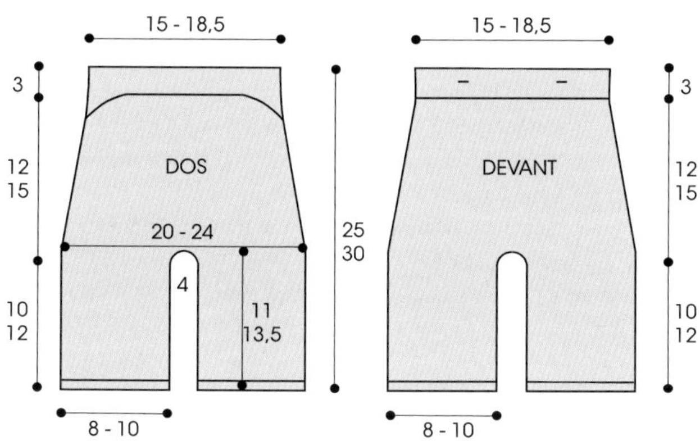


## PANTALON

### DOS

Se commence par une jambe.

Monter 24 (30) m. aig. n° 2,5, tricoter 1 cm (5 rgs) en Point mousse = 3 barres mousse.

Continuer avec les aig. n° 3 en Jersey en augmentant à gauche à 1 m. du bord ts les 8 (10) rgs : 3 x 1 m. On a 27 (33) m.

À 10 (12) cm de hauteur totale, former l'entrejambe en augmentant à droite ts les 2 rgs :

1 x 1 m., 1 x 2 m. (2 x 1 m., 1 x 2 m.).

À 11 (13,5) cm de haut. tot., laisser ces 30 (37) m. en attente.

Tricoter la seconde jambe en sens inverse.

Réunir les 2 jambes. On a 60 (74) m.

Tricoter en Jersey en faisant de chaque côté à 1 m. du bord ts les 6 rgs :

7 x 1 m. (8 x 1 m. et 4 rgs plus haut : 1 x 1 m.). Il reste 46 (56) m.

À 22 (27) cm de haut. tot., former l'arrondi en laissant en attente de chaque côté ts les 2 rgs : 1 x 4 m., 1 x 5 m.(1 x 5 m., 2 x 6 m.). Tricoter 1 rg sur toutes les mailles puis continuer au Point mousse, aig. n° 2,5.

À 25 (30) cm de haut. tot., rabattre les mailles.

### DEVANT

Se commence comme le dos.

À 22 (27) cm de hauteur totale, tricoter au Point mousse, aig. n° 2,5.

À 24 (29) cm de haut. tot., former 2 boutonnières de 2 m. à 13 (15) m. des extrémités.

À 25 (30) cm de haut. tot., rabattre les mailles.

**Bretelles :** monter 6 (8) m. aig. n° 2,5, tricoter en Point mousse pendant 20 (28) cm puis rabattre les mailles.

Tricoter une seconde bretelle semblable.

Faire les coutures des côtés et d'entrejambe. Coudre les bretelles dans le dos en les espaçant de 7 (9) cm (les bretelles se croisent dans le dos).

Coudre les boutons sur chaque bretelle.

# 30 AU DODO !

**FOURNITURES COUVERTURE**

Qualité PARTNER 3,5 (50 % , 25 % acrylique, 25 % laine peignée) : coloris Blanc 2 (3) pelotes • Aig. n° 3,5

Taille PM 30 x 40 cm (GM 40 x 60 cm)

**POINTS**

- Point mousse
- Jersey
- Point de riz : nombre de m. impair

R1 : *1 m. end., 1 m. env.*, répéter de * à *.
R2 : *1 m. env., 1 m. end.*, répéter de * à *.
Répéter toujours ces 2 rgs. On contrarie les m. ts les rgs.

- Point de blé : nombre de m. impair

R1 : *1 m. end., 1 m. env.*, répéter de * à *.
R2 et R4 : tricoter les m. comme elles se présentent.
R3 : *1 m. env., 1 m. end.*, répéter de * à *.
Répéter toujours ces 4 rgs. On contrarie les m. ts les 2 rgs.

- Point de damier : nombre de m. pair + 2 m.

R1 : *2 m. end., 2 m. env.*, répéter de * à * et terminer par 2 m. end.
R2 et ts les rgs pairs : tric. les m. comme elles se présentent.
R3 : *2 m. env., 2 m. end.*, répéter de * à * et terminer par 2 m. env.
Répéter toujours ces 4 rgs.

**ÉCHANTILLON**

Aiguilles n° 3,5 PARTNER 3,5 en Point fantaisie 10 cm = 23 m. et 34 rgs

**COUVERTURE**

Monter 75 (93) m. aig. n° 3,5, coloris Blanc, tricoter 2,5 (3) cm = 12 (14) rgs en Point mousse = 6 (7) barres mousse.
Continuer au Point mousse et au Point de blé en plaçant les m. de la façon suivante : 6 (7) m. Point mousse, 63 (79) m. Point de blé, 6 (7) m. Point mousse.
À 6 cm de haut de Point de blé, tric. 4 (6) rgs de Point mousse sur toutes les m. = 2 (3) barres mousse.
Continuer au Point mousse et au Point de damier en plaçant les m. de la façon suivante :
6 (7) m. Point mousse, 62 (78) m. Point de damier en dim. 1 m. au centre sur le 1er rg, 6 (7) m. Point mousse. On a 74 (92) m.
À 6 cm de haut de Point de damier, tric. 4 (6) rgs de Point mousse sur toutes les m. en augm. 1 m. au centre = 2 (3) barres mousse.
Continuer au Point mousse et au Point de riz en plaçant les m. de la façon suivante :
6 (7) m. Point mousse, 63 (79) m. Point de riz, 6 (7) m. Point mousse.

À 6 cm de haut de Point de riz, tric. 4 (6) rgs de Point mousse sur toutes les m. = 2 (3) barres mousse.
Continuer au Point mousse et au Point de damier en plaçant les m. de la façon suivante :
6 (7) m. Point mousse, 62 (78) m. Point de damier en dim. 1 m. au centre sur le 1er rg, 6 (7) m. Point mousse. On a 74 (92) m.
À 6 cm de haut de Point de damier, tric. 4 (6) rgs de Point mousse sur toutes les m. en augm. 1 m. au centre = 2 (3) barres mousse.
Continuer au Point mousse et au Point de blé en plaçant les m. de la façon suivante :
6 (7) m. Point mousse, 63 (79) m. Point de blé, 6 (7) m. Point mousse.
À 6 cm de haut de Point de blé, tric. 2,5 (3) cm = 12 (14) rgs de Point mousse sur toutes les m. = 6 (7) barres mousse puis rabattre les mailles souplement.
Arrêter les fils.

**FOURNITURES POLOCHON**

Qualité PHIL DOUCE (100 % polyester) : coloris Œillet 1 (2) pelotes • Aig. n° 5 • 1 m de ruban blanc 15 mm • Bourrage synthétique

Taille PM 30 x 30 cm (GM 40 x 40 cm)

**ÉCHANTILLON**

Aiguilles n° 5 PHIL DOUCE en Jersey 10 cm = 14 m. et 23 rgs

**POLOCHON**

Monter 48 (58) m. aig. n° 5, coloris Œillet, tricoter 30 (40) cm en Jersey.
Arrêter les mailles souplement.
Plier le polochon en 2, faire la couture.
À 5 cm des bords, passer un fil de fronce et serrer un côté.
Bourrer et serrer le 2e fil de fronce à l'autre extrémité.
Nouer les rubans blancs.

# remerciements

Accessoires créés et réalisés par Marie Piecoup et Dave Quattrini
Peinture et bois Rougier & Plé

Stickers papillon Les Invasions Éphémères

Cheval en papier maché Rougier & Plé

Papillons et fleurs artificielles
Rougier & Plé

Stickers Les Invasions Éphémères

Stickers Les Invasions Éphémères

Coussin Les Invasions Éphémères

Coussin Les Invasions Éphémères

Éditions MARIE CLAIRE
Publiées par Société d'Information et de Créations - SIC
Une société de Marie Claire Album
10, bd des Frères Voisin 92792 Issy-Les-Moulineaux Cédex 9 - France
Tél. 01 41 46 88 88
R.C.S. Nanterre 302 114 509
sarl au capital de 3.822.000 euros


N° ISBN : 978-2-84831-733-5
N° Editeur : 38369
Imprimé par G. Canale & C., Bucarest (Roumanie)
Dépôt légal : novembre 2014
Version presse octobre 2014

www.editionsmarieclaire.com